THOMAS MANN

FÉLIX KRULL, ROMAN PICARESQUE

Critiques Littéraires
Collection dirigée par Maguy Albet

Dernières parutions

Pierre WOLFCARIUS, *Jacques Borel. S'écrire, s'écrier : les mots, à l'image immédiate de l'émotion*, 2010.
Myriam BENDHIF-SYLLAS, *Genet, Proust, Chemins croisés*, 2010.
Aude MICHARD, *Claude Simon, La question du lieu*, 2010.
Amel Fenniche-Fakhfakh, *Fawzia Zouari, l'écriture de l'exil*, 2010.
Maha BADR, *Georges Schehadé ou la poésie du réel*, 2010.
Robert SMADJA, *De la littérature à la philosophie du sujet*, 2010.
Anna-Marie NAHLOVSKY, *La femme au livre. Itinéraire d'une reconstruction de soi dans les relais d'écriture romanesque (Les écrivaines algériennes de la langue française)*, 2010.
Marie-Rose ABOMO-MAURIN, *Tchicaya ou l'éternelle quête de l'humanité de l'homme*, 2010.
Emmanuelle ROUSSELOT, Ostinato, *Louis-René des Forêts. L'écriture comme lutte*, 2010.
Constantin FROSIN, *L'autre Cioran*, 2010.
Jacques VOISINE, *Au tournant des Lumières (1760-1820) et autres études*, 2010.
Karine BENAC-GIROUX, *L'Inconstance dans la comédie du XVIIIe siècle*, 2010.
Christophe Désiré Atangana Kouna, *La symbolique de l'immigré dans le roman francophone contemporain*, 2010.
Agata SYLWESTRZAK-WSZELAKI, *Andreï Makine : l'identité problématique*, 2010.
Denis C. MEYER, *Monde flottant. La médiation culturelle du Japon de Kikou Yamata*, 2009.
Patrick MATHIEU, *Proust, une question de vision*, 2009.
Arlette CHEMAIN (Textes réunis par), *« Littérature-Monde » francophone en mutation*, 2009.
Piotr SNIEDZIEWSKI, *Mallarmé et Norwid : le silence et la modernité poétique en France et en Pologne*, 2009.
Raymond PERRIN, *Rimbaud : un* pierrot *dans* l'embêtement blanc. *Lecture de* La Lettre de Gênes *de 1878*, 2009.

Claude Herzfeld

THOMAS MANN

FÉLIX KRULL, ROMAN PICARESQUE

L'Harmattan

Du même auteur

« Le Grand Meaulnes » d'Alain-Fournier, Les Grands événements littéraires, Nizet, 1976, Éd. augmentée, 1981.

« Dominique » de Fromentin Thèmes & structure, Nizet, 1977.

« La Montagne magique » de Thomas Mann Facettes et fissures, Les grands événements littéraires, Nizet, 1979.

Alain-Fournier, *Le Grand Meaulnes*, Édition critique, portrait par Viviane Herzfeld, Nizet, 1983

Les Formes de la rêverie dans l'œuvre d'Alain-Fournier Visage du « Grand Meaulnes » et figure du Trismégiste, P.U. du Septentrion, Villeneuve d'Ascq, 1986.

La Figure de Méduse dans l'œuvre d'Octave Mirbeau, Nizet, 1992.

Mystères d'Alain-Fournier, Actes du colloque de Cerisy, Nizet, 1999.

Le Monde imaginaire d'Octave Mirbeau, P.U. d'Angers/Société Octave Mirbeau, 2001.

La Littérature, dernier refuge du mythe ? L'Harmattan, 2007.

Jean Rouaud et le « trésor des humbles », L'Harmattan, 2007.

Vers « Le Grand Meaulnes », L'Harmattan, 2007.

Octave Mirbeau, « Le Calvaire », Étude du roman, L'Harmattan, 2008.

Flaubert, Les Problèmes de la jeunesse selon « L'Éducation sentimentale », L'Harmattan, 2008.

Octave Mirbeau. Aspects de la vie et de l'œuvre, L'Harmattan, 2008.

Julien Gracq, Préférences médiévales, L'Harmattan.

Georges Hyvernaud, Les Ressentiments fraternels, L'Harmattan, 2009.

5-7, rue de l'Ecole-Polytechnique, 75005 Paris

http://www.librairieharmattan.com
diffusion.harmattan@wanadoo.fr
harmattan1@wanadoo.fr

ISBN : 978-2-296-54263-1
EAN : 9782296542631

INTRODUCTION

En France, vers 1880, grâce à des gens comme de Vogüe, on a commencé à prendre connaissance des littératures étrangères ; plus tard, avec Marcel Schwob, ami d'Octave Mirbeau, et, à la veille de la guerre de 14, grâce, en particulier, à Gide. Les œuvres traduites affluent parce que les romanciers étrangers (Dostoïevski, Tolstoï, Thomas Mann, Rainer Maria Rilke, Conrad, Knut Hamsun, Miguel de Unamuno, Pirandello… et, redécouvert, Jean-Paul Richter[1]) sont, à la différence de la plupart des Français[2], capables de faire vivre des individus. Et, chez beaucoup d'auteurs étrangers, les lecteurs français trouvaient des invites à dépasser le dogme de l'étroite observation (Mirbeau parle de la « myopie naturaliste »[3]) d'un réel déifié et à faire accéder le récit à un second degré poétique (« métapsychique », dira Gabriel Marcel[4], en 1927) que trouvait Edmond Jaloux[5] dans *La Montagne magique* [6], par exemple.

---

[1] Dans le domaine du romantisme allemand, Fromentin fut un précurseur (voir notre *«Dominique » Thèmes et structure*, Nizet, 1977).

[2] Cf. Michel Raimond, *La Crise du roman Des lendemains du Naturalisme aux années vingt*, José Corti, 1966.

[3] Voir notre *Monde imaginaire d'Octave Mirbeau*, P.U. d'Angers/Société Octave Mirbeau, 2001.

[4] *In* la *Revue Européenne.*

[5] Préface à *Romanciers allemands*, Denoël, 1932.

[6] Si Erich Auerbach considère *La Montagne magique* comme « le premier grand roman réaliste » du XXe siècle, qui, « en dépit de son originalité, correspond par son niveau stylistique aux œuvres réalistes françaises du XIXe siècle », il note que Thomas Mann, à partir de *La Montagne magique*, fait « des reflets dans la conscience et de la stratification temporelle un usage cohérent […], procéd[ant] à la désintégration et à la dissolution des réalités extérieures afin d'en donner une interprétation plus riche […], sans du tout abandonner son ton particulier (où l'écrivain qui raconte, qui commente, qui objective en se tournant vers le lecteur reste toujours présent » (*Mimésis La*

Avec *Les Confessions du chevalier d'industrie Félix Krull*[7] , Thomas Mann tient « son » roman picaresque (de *picaro* = « gueux »). Or, nous semble-t-il, derrière le visage du picaro se profile la figure mythique d'Hermès.

En 1947 (lettre du 10 octobre), l'écrivain se propose de développer le « fragment » de *Félix Krull* (1927) en un roman « picaresque » : « Que diriez-vous, écrit-il à Hermann Hesse, le 25 novembre 1947, si je tirais du fragment de *Félix Krull* un vrai roman picaresque[8], pour me divertir sur mes vieux jours ? » Il s'agirait d'un *Schelmenroman*, d'un « roman de coquin »[9], d'homme « sans scrupules », qui vit d'expédients et d'escroqueries, d'un « loustic » (*lustig*) narquois, non exempt, en conséquence, d'humour corrosif. « Noblesse à rebours » du picaro qui jette un regard critique sur les aspects dérisoires de la vie quotidienne.

---

représentation de la réalité dans la littérature occidentale, Gallimard, 1968, pp. 510 et 540).

[7] Traduit de l'allemand par Louise Servicen, Albin Michel, 1956.

[8] Thomas Mann reprit son ouvrage sur Krull après l'achèvement du *Docteur Faustus* et de *L'Élu*. Le livre, « première partie des Mémoires », parut en 1954. Louise Servicen précise que « l'auteur se proposait de donner, quelque jour, une suite au présent ouvrage, mais la mort a fait tomber la plume de l'illustre éxrivain... » (note 1, p. 433).

[9] « C'est gentil à vous (Carl Maria Weber) d'avoir pensé au fragment du *Chevalier d'industrie* en lisant le *Vaurien* [de Kurt Hiller] » (18 janvier 1917). — On peut aussi penser au roman de Joseph von Eichendorff, *Scènes de la vie d'un propre-à-rien*, « Folio », Gallimard, 1994. — *Cf. «propre à rien »* (*Confessions...*, p. 255).

LE PAGE

Nous voudrions réfléchir à la manière dont l'écrivain allemand utilise les éléments fondamentaux de la matière picaresque qui nous semblent être les suivants : déracinement du gueux, poussé par la nécessité, en état de perpétuelle dépendance pour assurer sa « matérielle », ce qui entraîne son errance à travers le monde, la perte de son innocence enfantine, l'identification au milieu, en particulier ancillaire, dans le cas de Félix — « groom » (p. 317), « liftier » (p. 172), voiturier, « page » —, mais, malgré l'étymologie du mot, le picaro a été identifié, de bonne heure, au serviteur[10]. Pour se faire une place au soleil, le picaro adopte un comportement déviant, le tout mêlé à la dénonciation[11] — souvent caricaturale — du mensonge social, de l'hypocrisie universelle et de la non moins universelle corruption qui interdit à la personnalité de retrouver la jouissance d'elle-même. On deviendrait escroc à moins ! La mise en accusation, coutumière, de la société bourgeoise n'exclut pas la reconnaissance, par le « gueux » de ses propres fautes et aveuglements... C'est ainsi que Lazarillo se plaît à raconter ses « enfantillages, pour montrer quelle grande vertu il est de s'élever, quand on est de basse extraction »[12]. Et Félix : « Ce que j'ai à dire se composant de mes expériences, erreurs et passions les plus personnelles et directes, mon doute aurait tout au plus

---

[10] *Cf.* le personnage de Lazarillo de Tormès, enfant d'un couple de pauvres hères de Salamanque: il sert divers maîtres — prêtre, écuyer, moine, vendeur de bulles, chapelain et d'un alguazil — à commencer par un aveugle qui le trouva « propre à lui servir de guide » (*La Vie de Lazarillo de Tormès*, Traduction par Bernard Sesé, GF Flammarion, 1994, p. 95).

[11] Mirbeau ne s'est pas privé d'arracher « les masques » de la Société et d'en dénoncer « les grimaces ».

[12]*La Vie de Lazarillo..., op. cit.* , p. 99.

trait au rythme et à la qualité de mon mode d'expression » (p. 9).

Guzman de Alfarache se reproche de n'avoir pas su entendre le message d'amour qu'un prêtre lui a transmis, tandis que, incapable de dominer ses mauvais instincts, il allait se jeter dans le piège du monde. Les mystifications auxquelles s'adonne le picaro sont destinées à... démystifier.

PICARISME

Les desseins de Th. Mann rejoignent ceux des auteurs des textes fondateurs du picarisme : *Guzman de Alfarache* (1599-1604), de Mateo Aleman, et, avant cette œuvre, *La Vie de Lazarillo de Tormes* (1553), de Diego Hurtado Mendosa (?). Le roman picaresque marque un moment du développement historique de la création romanesque.

SEULEMENT MOI ?

Miroir du monde, mais aussi de soi, le roman picaresque s'apparente au roman de formation : le héros découvre, à ses actes et en se penchant sur son passé à l'automne de sa vie, sa véritable nature : « Dans les loisirs de ma retraite, au moment où je prends la plume pour noter mes souvenirs (sain de corps, mais las, bien las, de sorte que mon récit avancera par petites étapes, avec de fréquentes interruptions), […] un scrupule fugitif me vient » (p. 9). Le genre picaresque a donc partie liée avec l'autobiographie : il est à la jonction entre le romanesque[13] et le roman de l'individu.

---

[13] L'absence, en français, de « la distinction que l'anglais […] fait entre *romance* et *novel* », entre *roman et roman réaliste*, oblige à

Poursuivant, en 1951, la rédaction des *Confessions de Félix Krull*, Thomas Mann parle d' «ambition têtue »[14], « désireuse de maintenir la cohésion de [sa] vie, en dépit du monde, qui, si on le laissait faire, mettrait tout en pièces et en morceaux »[15] (30 mars). Mais la pente est rude : « La question se pose souvent : 'À quoi rime cette extravagance ?' Il me semble que ça n'a pas de véritable *background* » (20 mai 1951). En 1952 (28 avril), il estime qu'il n'aurait jamais dû se lancer dans une aventure comme *Félix Krull* : ' « [À] aucun égard, ni par son sujet ni par ses exigences, ce n'est une *tâche de mon âge*. Pan-érotisme et larcin de bijoux, sont-ce là des plaisanteries auxquelles consacrer les années avancées de sa vie ? »

PROTÉE

Le père de Lazarillo fut « accusé de certaines saignées malicieusement faites aux sacs de ceux qui venaient moudre au moulin » (p. 89). Issu d'un milieu petit-bourgeois qui ne déteste pas l'orgie, orphelin d'un père failli[16], coupé de ses racines, obligé de quitter son pays natal, Félix Krull, dont l'enfance fut presque innocente[17], va de place en place — trente-six métiers,

---

employer, faute de mieux, l'épithète de *romanesque*, et à parler, par opposition, de *roman réaliste*, bien que ce qualificatif soit, ici, anachronique. « Toujours est-il que *Tristan et Iseut* n'est pas *La Cousine Bette* » (Gérard Genette, *Figures V*, Seuil, 2002, p.110-111).

[14] En 1954, Thomas Mann qualifie ce qu'il appelle son « acharnement » de « risible ».

[15] Th. Mann se trouve alors aux Etats-Unis dont « l'atmosphère morbidement tendue » pèse lourdement sur lui (21 avril 1951).

[16] L'un des « pères » de Guzman, affairiste véreux, voit disparaître dans une banqueroute la fortune qu'il a constituée en dépouillant autrui.

[17] Lazarillo s'éveille brusquement de "l'innocence où, comme un enfant" (*op. cit.*, p. 97), il dormait encore.

trente-six occasions de se frotter à la gent humaine, mais aussi, partant, de perdre son âme — et parvient, grâce sa participation à une imposture, à servir de doublure à un marquis. Scipion devient l'alter ego de Gil Blas de Santillane : du premier moment qu'il vînt s'offrir au service de Gil, Scipion lui plut et ce dernier sentit pour Gil une amitié qu'il n'avait jamais eue pour aucun maître : il faut qu'ils soient nés l'un et l'autre sous la Balance ou sous les Gémeaux qui sont, à ce qu'on dit, « deux constellations qui unissent les hommes » ; on comprend donc que,

> après le zèle que Scipion avait fait paraître, je ne pouvais plus voir en lui qu'un autre moi-même. Ainsi plus de subordination entre Gil Blas et son secrétaire. Plus de façons entre eux. Ils chambrèrent ensemble et n'eurent qu'un lit et une table[18].

Comme Scipion, Félix Krull s'identifiera à celui qu'il sert.

Au long des épisodes qui se multiplient, mais qui n'entament pas l'unité des constats du témoin[19], le hasard jouant le rôle du déterminisme, notre Protée ne subit pas d'altération psychologique. Félix, le héros narrateur, parsème le texte d'indices annonciateurs, non pas du « dénouement » puisque l'œuvre est inachevée, mais qui permettent d'imaginer la suite, d'envisager le « parcours » de Félix comme le déroulement d'un processus d'individuation et d'assister à « l'invention de l'auteur »[20].

---

[18] Lesage, *Histoire de Gil Blas de Santillane* (1715-1735), Flammarion, 1977, p. 454.

[19] Th. Mann dit sa « satisfaction » à propos de sa « sensibilité sismographique de l'époque » (*Journal*, 3 mars 1920).

[20] *Cf.* Jean Rouaud, *L'Invention de l'auteur,* Gallimard, 2004.

Qu'on y prenne garde, qu'il s'agisse de menus larcins ou d'entreprises galantes, Félix prend soin de préciser qu'il obéit à des impératifs qui n'ont rien à voir avec le vol ou la débauche ! Félix franchit allègrement, à la différence de Christian Buddenbrook, les limites des convenances bourgeoises : dès l'enfance, il commet des larcins, péché véniel. Car s'il vole (c'est le verbe qu'emploie le « vulgaire », *cf.* le personnage de Scapin) des friandises, « c'est en raison de leur excellente qualité, marchandise de rêve ». Plus tard, c'est la même préoccupation du « qualitatif » qui le conduira à voler des bijoux. Il ne s'agit pas, pour lui, de se procurer par quelque supercherie le bien-être matériel. L'argent n'est qu'un préalable ou un préliminaire. Escroc, il peut mener une vie en conformité avec son imagination, imposer à la vie l'image de lui-même née de son imaginaire. L'idée de la grande supercherie ou imposture, comme on voudra la nommer, ne vient pas de lui (p. 271) même si la double vie menée par Félix — il simule dans les palaces la vie d'un gentleman[21] (p. 263) — joue un rôle déterminant dans la proposition de Venosta. Et, c'est tout à son honneur, il pense à offrir douze mille francs au marquis (produits, il est vrai, de l'affaire Houpflé-Philibert) pour lui permettre de rester à Paris.

N'a-t-il pas bénéficié d' « une éducation soignée dès le berceau », entendant par là qu'il est issu d'une « maison bourgeoise raffinée, encore que de mœurs dissolues » (p. 9) ? Toutefois, Félix juge nécessaire de préciser que « la légèreté de [son] père s'accompagna

[21] Venosta le considère comme tel. La suite montrera, d'ailleurs, que les deux jeunes gens sont « interchangeables » (p. 279).

toujours d'une certaine grâce qui faisait presque entièrement défaut à [sa] mère et [sa] sœur » (p 23).

Il est « de très tendre intimité avec [son] parrain Schimmelpreester, artiste fort apprécié » (p. 10) qui, précision utile, conserva jusqu'à la fin « la faveur des dames ». Le maître de Lazarillo gagne plus en un mois que cent aveugles : « Tout le monde était à ses trousses, spécialement les femmes qui gobaient tout ce qu'il disait »[22]. Félix compte sur son don inné, toute sa vie de fraude l'atteste, de ce qu'il appelle « la bonne forme », à présent qu'il va « faire figure d'écrivain » (p. 10). Il se présente comme un esthète aux goûts aristocratiques qu'il satisfera « en devenant » le marquis Venosta, peut-être plus « vrai » que lui parce que composé par « étude » (p. 398) ! Venosta reconnaît que la plupart des hommes de sa classe « sont d'élégants dadais, et pas même toujours charmants » et se dit persuadé que, au Bois, Félix éclipserait tous les cavaliers (p. 267).

La reconnaissance de ses talents ne lui enfle pas la tête. Même s'il comprend que ses expériences et ses rêveries sont propres à le différencier des autres, il accorde « grande importance aux choses et aux êtres », et s'assure ainsi qu'ils "lui sauront gré de son opinion flatteuse ». En outre, « ses pensées, son comportement, s'imprègneront d'un sérieux, d'une passion, d'un sentiment de responsabilité » qui pourront le conduire « aux réussites et aux exploits les plus insignes » (p. 20). Ce qu'il vise, c'est ce qu'il appelle la « Grande Joie » (pp. 312-313), non les plaisirs faciles. Curieux picaro.

---

[22] *Op. cit.*, p. 99. — "Tout aveugle qu'il fût, [il] m'éclaira et m'orienta sur le chemin de l'existence" (*ibid.*, p. 99).

MODÈLE(S)

La notion de « modèle » suppose la référence, consciente, à des objets littéraires. Ces rapprochements permettent de mesurer les libertés prises avec le roman picaresque tel que le définit l'histoire littéraire officielle. La déconstruction des formes du roman[23] entreprise par les auteurs picaresques est elle-même contestée par Thomas Mann. Mais ce dernier partage avec les « picaresques » l'ironie que leur reprochent assez les « moralistes », critiquant leur refus de réfléchir aux circonstances historiques et sociales de leur siècle. Reprenant le fragment de *Félix Krull*, Thomas Mann, s'il se propose bien de le développer « en un roman moderne », entend que l'action se déroule « au temps des équipages » et affirme que le comique lui semble salutaire[24]. En 1948 (6 novembre) Thomas Mann écrit : « Si je vis et que je conserve mes forces, je leur assènerai encore *Félix Krull*, qui ne consiste qu'en frasques[25], pour qu'ils cessent enfin de voir en moi un *ponderous philosopher* ».

---

[23] La scatologie, inhérente au genre (*cf. La vraie histoire comique de Francion* de Charles Sorel), est réduite à la portion congrue dans *Les Confessions* : « Le petit bichon maltais de la marquise, — Minime », est « une créature affligée de diarrhée » (p. 283). On loue « le talent et des dons de travestissement burlesque » du pseudo-Vénosta, mais on lui reproche de s'être rendu coupable de « grotesques licences » quand il a fait voir sa *mère*, « sous un jour très risible, en la dépeignant assise dans son fauteuil, piteusement souillée et à moitié pâmée » par les déjections de Minime (p. 392).

[24] Lettre du 10 octobre1947.

[25] Lazarillo joue « des farces endiablées » à son aveugle de maître (*op. cit.*, p. 101). L'écuyer qui l'emploie plus tard le considère comme « un chenapan » et « un pique-assiette » (p. 155).

Le « style » de Krull devient sa langue : « Je cherche à me distraire dans ces amusements [...] pour oublier[26] les soucis et les tracas de la vie » (11 mars 1951).

Certes, *Félix* n'est pas *Faustus*, mais Thomas Mann se livre à une réécriture personnelle où se reflète une vision originale du monde.

LE CAPITAINE FRACASSE

Le chef-d'œuvre de Théophile Gautier, *Le Capitaine Fracasse* (1861-1863), se caractérise par le recul historique. L'auteur reprend l'idée de Scarron qui était, dans son *Roman Comique*[27] (1ère partie, 1657), roman *romanesque*[28], de faire évoluer une troupe de pittoresques comédiens ambulants dans un monde de provinciaux représentés sous les traits les plus burlesques[29]. Dans ce « roman d'auberge », parodie des compositions héroïques d'alors, c'est le coup de poing que l'on a facile. Roman, « galant » et « burlesque », humoristique de surcroît, où l'auteur intervient pour faire participer le lecteur à l'écriture.

---

[26] Voir l'autocritique pratiquée par Th. Mann dans sa lettre du 21 juin 1954 à Agnès E. Meyer.

[27] Le Livre de poche, 1994. — Le titre signifie qu'il s'agit d'un roman ayant pour thème le théâtre, sens premier de "comique" (*Cf. L'Illusion comique* (de Corneille). — *Cf.* Charles Sorel, *La vraie histoire comique de Francion* , Alphonse Delahays, Éditeur, 1858.

[28] *Cf.* Gérard Genette.

[29] Dans *Les Confessions*, les parents de Loulou, croyant s'adresser à leur fils complimentent... Félix : "Certes, tu as toujours été un loustic : mais nous ne t'aurions pas cru un tel talent de parodie et des dons de travestissement burlesque, propres à faire éclater de rire toute une société" (p. 392).

LA SCÈNE & LA VIE

Chez Gautier aussi, les comédiens jouent leur vie et vivent leur jeu. À la scène, le baron de Sigognac, sous le nom de Capitaine Fracasse, va remplacer le défunt Matamore, le « tranche-montagne » de la troupe.

FAISONS UN RÊVE

La rencontre de Félix avec Rozsa, native de Hongrie, présente un « caractère de rêve » auquel ne contribue pas peu le « caractère exotique »[30] (!) de la jeune femme et ses paroles et tournures de phrases qui glissent « bizarrement au non-sens ». Dans la chambre, « à l'odeur du poêle de fonte surchauffé se mêlait le parfum lourd et fleuri des engins de beauté, et une lumière d'un rouge profond, atténuée, coula de l'ampoule allumée » (p. 134). L'ingéniosité de la vie ne s'entend-elle pas à « réaliser les rêves de notre enfance, à les faire passer en quelque sorte de l'état nébuleux à un état concret » ? (p. 287).

Devenir le valet de chambre d'un lord, très peu pour Félix : « Un instinct très sûr s'insurgeait en moi contre la perspective d'une réalité qui par surcroît était de mauvais aloi ; cet instinct prenait parti pour le libre rêve, le jeu créé par moi et dû à ma seule faveur, c'est-à-dire aux faveurs de l'imagination » (p. 250).

Les joies de l'incognito qu'il goûte à présent qu'il continue d'exercer pour un temps son métier ancillaire, son « imagination ne les avait-elle pas connues par anticipation à l'époque où, gamin », il avait décidé d' « incarner un prince de dix-huit ans dénommé Karl, sans que nul ne soupçonnât ma qualité ? Jeu puéril autant que

---

[30] On pense à Frédéric Moreau (*L'Éducation sentimentale*) faisant de Mme Arnoux une « Andalouse de Barcelone » !

délicieux ». Aujourd'hui que Karl s'incarne, Krull a « comme qui dirait en poche les lettres de noblesse d'un comte palatin » (p. 286) dont il est devenu le « double » (p. 354).

La *réalité*, le « flamboiement » des Alpes et une chute d'eau, par exemple, sont-ils « plus qu'une image et un rêve, et aussi réels que beaux ? » (p. 403).

Tout est prétexte au rêve, à l'évasion, à l'éloignement des dures réalités et des souffrances du peuple, diront certains. Quant à Thomas Mann, il reconnaît bien volontiers que son intérêt va « moins aux problèmes sociaux qu'aux questions esthétiques et psychologiques »[31]. Thomas Mann fera du héros des *Confessions* un simulateur de première grandeur, bien propre à jouer son rôle dans l'humaine comédie. « Enfant imaginatif », ses inspirations et ses inventions donnent aux siens force sujets d'amusement. Encore en jupons, il jouait « volontiers à être l'empereur » (Guillaume Ier) (p. 17). Il a tout lieu de se réjouir de « l'indépendance de [ses] facultés d'invention ». Un beau matin, Félix s'éveille bien décidé à incarner un prince de dix-huit ans nommé Karl et s'obstine à « cette chimère » toute la journée, le mystère de sa royale existence le comble de bonheur (p. 18).

L'imagination, « don magnifique », reine des facultés. Qui ne voit que, en remettant en question le recours au recul historique, on fait comme si les mythologèmes (interrogations de l'homme) n'étaient pas de tous les temps et que, conséquemment, un roman comme celui de Thomas Mann ou comme *Le Capitaine Fracasse*, roman « de cape et d'épée », n'échappent pas aux racines *anthropologiques* de l'imaginaire dégagées

---

[31] « Traversée avec Don Quichotte », in *Noblesse de l'esprit*, Albin Michel, 1960, p. 272.

par Gilbert Durand[32], d'autant moins qu'il exalte le théâtre qui est l'image de la vie et que, c'est la « leçon » du roman — et celle des *Confessions du chevalier d'industrie Félix Krull* —, la vie doit ressembler et le monde servir de décor pour des *actions* [33] ? C'est ainsi que, dans *Le Capitaine Fracasse*, chaque personnage continue à jouer son rôle hors de scène. Théophile Gautier, deus ex machina, se situe au centre de sa narration comme en témoigne la dimension humoristique que l'auteur entend donner à son œuvre, satisfaisant ainsi son goût pour le pastiche. Le « recul historique », si hâtivement condamné, a pourtant une portée « sociale » dans la mesure où la société représentée échappe encore à l'absolutisme royal et au nivellement qui s'ensuit. Le roman de Scarron — dont Gautier s'inspire — exprimait déjà un temps où les « bienséances » n'avaient pas encore réussi à étouffer le naturel et où le corps était présent tout autant que l'esprit.

THOMAS MANN D'APRÈS ERNST BLOCH

Quant à l'humour qui rend possible, en 1954, l'achèvement de la première partie des *Confessions* en permettant à Thomas Mann de surmonter la dureté des temps de l'après-guerre, il rejoint « l'accomplissement » que l'écrivain avait déjà constaté lors de la rédaction du « fragment » ; il s'agissait de la « réaction d'ordre spirituel, idyllique et humain contre l'époque », de « l'expression d'un état d'âme tendre créé par les souffrances et les chocs de la vie » (*Journal*, 27 octobre 1918). Son héros, quant à

[32] *Les Structures anthropologiques de l'imaginaire*, Bordas, 1969.

[33] Jean Rouaud note que les titres de Balzac « glissent » vers « les rois du commerce et les 'chevaliers d'industrie', (c'est Fourier qui parle ainsi) » (*La Désincarnation*, Gallimard, 2002, p. 64).

lui, ne saurait qualifier que de « contradictoires [ses] relations intimes avec le monde ou la société » (p. 253).

Selon Ernst Bloch, « le regard poétique », qui façonne « les apparences » et compense « certaines déficiences extérieures », répondrait aux attentes de « la classe moyenne » qui a besoin qu'on lui représente « sa vie défraîchie » sous « la forme d'un jeu » : « Tout cela lui fut donné dans le *Juste milieu* ». Des artistes comme Thomas Mann ouvrirent « dans la largeur du roman toute une galerie de vie apparente », de vie qui posait toutes les questions sauf celle qui concerne « l'origine de cette vie et de sa mise en question ». Malgré sa puissante ironie, Thomas Mann aurait développé des constructions « dont chaque élément est vrai, sauf le monde qu'elles présentent en apparence de façon si réaliste ». Ce bourgeois ou ce chevalier d'industrie « ne sont pas aussi réels que leur éloquence ». Devenue « sauvage » avec la montée du nazisme, la classe moyenne ne trouve plus de miroir. « La métamorphose du nouveau Thomas Mann (maintenant mythologique) » trouve peu de grâce devant la classe moyenne, même si les « questions cérébrales de *La Montagne magique* sont devenues des archétypes extrêmement 'irrationnels' dans les livres sur Joseph »[34].

PARADIS

Mircea Éliade nous a fait comprendre que le symbole, le mythe, l'image — antérieurs à la raison discursive — appartenaient à la substance de la vie spirituelle. Ce ne sont pas des créations irresponsables de la psyché, mais elles remplissent une fonction : mettre à

[34] *Héritage de ce temps*, Payot, 1978, pp. 181-183. Selon Ernst Bloch, Th. Mann ne parlerait que des « problèmes proprets des bourgeois de l'ancienne couche » (p. 194).

nu les plus secrètes modalités de l'être. Chaque être historique porte en lui une grande partie de l'humanité avant l'Histoire. Lorsqu'un être, historiquement conditionné, se laisse envahir par la partie non historique de lui-même, il réintègre le stade paradisiaque de l'homme primordial. « Il vaudrait la peine d'étudier la survivance des grands mythes tout au long du XIXe siècle »[35]. Dégradés, ils ont survécu grâce, surtout, à la littérature. Le mythe du Paradis Terrestre, d'une existence se déroulant en dehors du Temps, a survécu sous la forme adaptée du « paradis océanien » avec lequel les réalités objectives n'ont que très peu à voir. L'imagination « imite » des modèles exemplaires — les Images —, les imite sans fin.

LA VIE EST UN SONGE

Aux rencontres de textes auxquelles il a été fait allusion, il convient, donc, à notre sens, d'ajouter *La Vie est un songe*[36] — dont la mort est le réveil — de Calderon (1633 ?) :

> Nous sommes dans un monde si étrange que vivre ce n'est que rêver, et que l'expérience m'apprend que l'homme qui vit rêve ce qu'il est, jusqu'au moment où il s'éveille. Le roi rêve qu'il est roi, et vivant dans son illusion, il commande, il dispose, il gouverne. [...] Et que l'on veuille encore régner, quand il faut finir par s'éveiller dans le sommeil de la mort ! (p. 52)

---

[35] *Images et symboles* (1952), Gallimard, 1980, p. 12.

[36] Traduction d'Antoine de Latour, Le Livre de poche, 1996. — "La vie n'est qu'un songe" (p. 56).

Et de poser la question :

> Et de tels événements sont-ils des illusions ou des réalités ? (p. 15)

Et si la vie est un songe, le monde est un théâtre[37] (*cf.* Shakespeare) où Krull interprétera le rôle de Venosta. Aupavant, il dit avoir souvent transporté dans des villes d'eau « le théâtre de ses exploits » (p. 26), exploits dont la scène de théâtre lui a donné un avant-goût.

Avant le spectacle, c'est déjà le spectacle. Au théâtre, que l'épicurien considère comme « le temple du plaisir » où, comme à l'église, s'assemblent des personnes dans « une haute et somptueuse salle décorée de lustres » : « aux balcons, les femmes s'éventaient les seins et tout en bavardant les messieurs se penchaient sur elles » tandis que « la luxuriance des peintures du plafond et du rideau » représentent « une multitude de génies nus et en raccourci, des cascades de formes féminines roses. […] On jouait une pièce d'un *genre* sans prétention, une œuvre de la muse court-vêtue. […] L'action se situait à Paris (ce qui mit mon pauvre père en bonne humeur) et gravitait autour d'un jeune oisif, […] un séduisant bourreau des cœurs et coureur de cotillons ». (p. 34). De quoi « inspirer » Félix… C'est peu dire : l'acteur « en vogue » qui incarnait le rôle vivra « à jamais dans la mémoire » de Krull : « Sa façon, en ce temps-là, d'éblouir la foule — moi compris — compte parmi les impressions décisives de ma vie. Je dis 'éblouir' et j'expliquerai un peu plus loin quel sens le mot revêt ici ». Müller-Rosé, dont Félix a appris le nom par son père, avait atteint une perfection qui n'aurait sans

---

[37] « Clarin. — Serais-je un prince de comédie ? […] Moi, Sigismond ? Je le nie; c'est vous qui m'avez Sigismondé » (p. 56). — Rosau(ro)ra, dame : « Vous m'avez commandé, hélas ! de vivre dans ce palais sous un déguisement » (p. 62).

doute pas tenu « un quart d'heure dans la vie réelle, et, pour ainsi dire, n'était point de ce monde ». Le haut de forme « qu'il portait un peu de biais sur le front, à la mode des viveurs, était le modèle exemplaire et rêvé du genre, [...] avec des reflets merveilleux, comme peints, — en harmonie avec le visage de cet être sublime » (p. 35), « d'un charme magique », donnant à sa personne « un caractère de séduisante folie » (p. 36).

Dans la comédie de Calderon, des oracles ayant prédit que Sigismond serait la ruine du roi son père, ce dernier l'a fait enfermer dans une caverne, mais un remords le prend et il ordonne de faire boire un narcotique à Sigismond qui se réveille sur un lit digne d'un porphyrogénète[38], entouré de courtisanes empressées. Ses passions, longtemps réprimées, se réveillent alors, il tue et devient un véritable danger pour tout le monde. Le roi le fait endormir de nouveau et transporter dans sa prison. Mais des soldats révoltés l'en délivrent et Sigismond s'amende dans la crainte perpétuelle où il se trouve de se réveiller.

LA “PICARA”

Le picaro a son pendant féminin dans la "picara", représentée, dans *Félix Krull*, par Rozsa, la courtisane au grand cœur. Dans *La Célestine* (1499), roman dialogué, Fernando de Rojas « met en scène » entremetteuse et valet intrigant... Plus proche de nous, *Moll Flanders*[39], de

[38] Né dans la Chambre de la Pourpre. Se dit du fils d’un empereur byzantin.

[39] Dans sa préface à l'édition de 1952 de *Les Dés pipés ou Les Aventures de miss Fanny Hill*, Pierre Mac Orlan cite une foule de personnages, parmi lesquels figure Moll Flanders, dont se serait inspiré John Cleland pour ses *Memoirs of A Woman Of Pleasure*

Daniel De Foë, nous fait connaître les heurs et malheurs d'une femme qui vit le jour dans les prisons de Newgate, connut bien des vicissitudes, prostituée, voleuse, mariée cinq fois (l'une de ses unions fut incestueuse), déportée en Virginie, fit fortune, se rangea et mourut repentie.

REMYTHOLOGISATION

Ni imitation ni démarquage du roman picaresque, mais manifestation d'un esprit d'indépendance, *Félix Krull* est le produit de la remythologisation qu'opère son auteur et derrière l'œuvre se profile la figure d'Hermès — messager des dieux, Dieu des Voyageurs, des Marchands et des Voleurs — qui lui donne son visage, non seulement parce que Félix est un « chevalier d'industrie », mais aussi parce qu'il réalise, dans sa vie, la conjonction hermésienne des contraires[40]. Là où d'autres verraient une « antinomie", Félix décèle « un rapport », « une harmonie secrète »[41] (p. 16). C'est ainsi que « l'image attrayante d'un frère et d'une sœur a toujours exercé [sur Félix] une certaine séduction magique » (p. 355).

(1750 ?), paru en français sous le titre de *Les Vrais mémoires de Fanny Hills* exhumé en 1910 par Guillaume Apollinaire.

[40] *Cf.* « la suprême dualité ». Lettre à Monika Mann, 3 décembre 1954

[41] Les Grecs l'ont assimilé au dieu égyptien Thot dont on fit, sous le nom d'*Hermès Trismégiste*, l'auteur de plusieurs livres *secrets* (Voir notre thèse : *Les Formes de la rêverie dans l'œuvre d'Alain-Fournier. Visage du "Grand Meaulnes" et figure du Trismégiste* (P.U. du Septentrion, Villeneuve-d'Ascq, 1986). Dans ce roman, le thème du secret — n'en déplaise au réalisateur du film — occupe une grande place (*cf.* le titre des chapitres : « Le secret » ; « Le secret (*suite*) » ; « Le secret (*fin*) » ; « Je trahis » ; « Le domaine mystérieux » ; « Où il est question du domaine mystérieux »... (Édition critique, Nizet, 1983). D'ailleurs, le colloque de Cerisy consacré à Alain-Fournier s'intitulait : *Mystères d'Alain-Fournier* (Actes édités chez Nizet, 1999).

Thomas Mann estime qu'il y a « quelque chose de magnifique dans la *parole* critique » et souhaite que l'on prenne un jour pour thème l'ensemble de son œuvre, son « type de héros 'tendu' dont Thomas B., Laurent de Médicis, Savonarole, Klaus Heinrich et celui que j'ai actuellement en chantier (un chevalier d'industrie !) ne sont que des individualisations différentes » (31 août 1910).

FIGURES MYTHIQUES

Figure manifeste, parmi d'autres : Adonis, Andromaque..., mais que nous privilégions car elle est aussi celle, latente, qui permet aux auteurs picaresques de réinvestir le mythe à leur manière. Ce que nous tenons à faire ressortir, c'est que Thomas Mann ne fait pas partie de ces gens qui veulent créer des mythes modernes : son mythe, il le rend vivant par son seul talent poétique.

UN FÉLIX PAS COMME LES AUTRES

L'École était destinée à prolonger l'effet de l'action bénéfique de la Famille. L'éducation de Félix ayant été négligée par les siens, on ne s'étonnera pas que sa confession reflète l'antipathie de l'enfant pour l'école. Il simule la maladie pour manquer les cours école et parvient à tromper son monde. Dans *Les Buddenbrook* [42], Christian ne paraît pas simuler la maladie, bien que son frère Thomas le considère comme hypocondriaque[43].

Il a la phobie du service militaire. Mais, du chef militaire, il a les qualités — dont on dit que les officiers les possèdent — d'abnégation et de soumission à un idéal.

---

[42] Fayard, 1965.
[43] *Op. cit.*, p. 501.

Quant à sa culture, elle présente un caractère autodidacte. Idéal, culture, cela n'est pas superflu pour un écrivain comme Félix… ou Thomas Mann.

NÉ COIFFÉ

« J'ai souvent ouï dire que j'étais né coiffé ; et bien qu'élevé en dehors de toute superstition, j'ai toujours attribué un sens mystérieux à ce fait, joint à mon prénom de Félix […] et à la distinction, l'agrément de mon physique » (p. 16), fait dans un « bois précieux » (p. 345). « J'avais des cheveux doux et soyeux comme on en voit rarement au sexe fort ; leur couleur blonde jointe au gris-bleu de mes yeux formait un saisissant contraste avec le brun doré de ma peau et l'on n'eût su déterminer au juste si j'étais blond ou brun. […] [E]n toute vérité, je suis taillé dans le bois le plus précieux » (pp. 18-19). La foi en son étoile le stimule : il sera écrivain. Il ne doute de rien.

LE MOI N'EST PAS HAÏSSABLE

À l'origine de sa vocation d'écrivain, le désir incoercible du « chevalier d'industrie », du picaro, de se raconter pour mieux se connaître et se comprendre. Et Thomas Mann de citer Tolstoï, cette fois : « Ai lu les journaux de vieillesse de Tolstoï […]. 'Le but essentiel de l'art… est de dire la vérité sur l'âme et de révéler et d'exprimer tous les secrets qu'on ne peut pas dire avec des mots simples… L'art est un microscope que l'artiste braque sur les secrets de son âme et qui *révèle ensuite aux hommes tous les secrets qui leur sont communs*'. Très juste. Le *Chevalier d'industrie* par exemple va tout à fait dans ce sens » (*Journal*, 29 décembre 1918).

Cela se traduit, dans le roman, par l'évocation de l'ascension spirituelle de Félix où se reconnaîtront les lecteurs en mal d'élévation. Bien qu'issu d'une famille en pleine décadence, économiquement et socialement parlant, il a conscience de sa supériorité physique et morale, naturelle, qui le prédispose à devenir un gentleman.

Si Félix emploie le « je », c'est avec prudence : « Ma venue au monde, si j'en suis bien informé, s'effectua très lentement et il fallut l'intervention de notre médecin de famille d'alors, le Dr Mecum. En effet, 'je' — s'il m'est permis de désigner cet être primitif et étranger par 'je' — me montrai extraordinairement passif et indifférent », manifestant une « mauvaise volonté » de "troquer l'obscurité du giron maternel contre la clarté du « jour ». Félix ne marquait pas « la moindre impatience de paraître en un monde qu'[il] devai[t] plus tard si passionnément aimer » (p. 15). Ayant pris de l'assurance, il s'adresse au « sensible lecteur » : « J'étais très heureux. J'attachais du prix à ma personne et je m'aimais, d'une façon profitable à la société, celle où l'amour que l'on se porte se traduit sous forme d'amabilité envers autrui » (p. 286).

Il ne cherche pas à changer le monde comme son frère en servitude, « l'anarchiste » (p. 151).

Obligé, par les bons bourgeois, de mener une existence à part, en raison de la mauvaise réputation de ses parents enclins au « relâchement » de leurs mœurs, il en profite pour construire un monde à lui, conforme à ses aspirations et y parvient d'autant mieux qu'il a cherché à se faire une idée aussi exacte que possible de la réalité et est entré de bonne heure dans l'ère du soupçon. Pour parvenir à ce résultat, il adopte un mode de vie qui repose sur l'éthique de l'effort.

La Montagne magique, c'est, comme le *Chevalier d'industrie*, « à sa manière parodique, un roman de formation humaniste et goethéen » (*Journal*, 15 juin 1921).

C'est ainsi que, s'il ne boude pas les plaisirs charnels, il se montre, dans ce domaine, aussi, particulièrement exigeant et soucieux d'atteindre, si possible, la perfection : il voit dans l'amour le moyen d'affiner sa personnalité. Sans vouloir, systématiquement, établir des comparaisons avec *Les Buddenbrook*, signalons que Christian, sus-nommé, se contente de faire montre « de paresse, de mépris, de négligence sceptique »[44] et, « en raison de son caractère et de ses longues années de voyage » — qui l'apparenteraient à un « picaro » —, « un noceur d'une espèce particulièrement naïve et insouciante ». Dans les choses du cœur, « il était peu enclin à faire violence à ses sentiments, à montrer de la discrétion et à garder sa dignité »[45].

Thomas Mann évoque les « enchaînements thématiques » et la « sphère »[46] qui l'environnait à la lecture du *Nietzsche* de Ernst Bertram : « romantisme de la mort, plus adhésion à la vie dans *La Montagne magique*; protestantisme, plus 'hellénisme' dans le *Chevalier d'industrie*[47]... » (21 septembre 1918).

---

[44] p. 571.

[45] p. 280.

[46] Th. Mann note dans son *Journal* qu'il existe des « rapports thématiques » de ses « travaux futurs avec la sphère » qui l'entoure dans ses lectures : « le romantisme de la mort plus le oui à la vie dans *La Montagne magique*, le protestantisme du *Chevalier d'industrie* » (14 septembre 1918).

[47] Thomas Mann relève aussi, dans son *Journal*, l'existence d'un « élément gréco-goethéen dans le *Chevalier d'industrie* » et cite Nietzsche : « De tels hommes parfaits et bien venus [Félix Krull] éprouvent sur eux-mêmes une sorte de divination du corps. Depuis ces hauteurs de la joie où l'homme se sent lui-même et fatalement comme une forme divinisée et une autojustification de la nature en descendant

En 1951, il dit avoir ajouté "bien des choses aux *Mémoires de Krull* ", mais craint toujours de tomber dans le "faustien" (*cf.* lettre du 11 mars 1952) et de "perdre la forme" : "Ainsi je mets le héros, qui est une nature érotique, en contact avec l'idée de l'*Être* en soi" (23 décembre).

Décidément, avec Félix, on est loin de Christian Buddenbrook !

---

jusqu'à la joie des paysans sains et des animaux sains à demi humains..." (17 septembre 1918).

LE PICARO EMBAUCHE

Œuvre inachevée, *Félix* ne développe pas des éléments qui auraient fait du héros un véritable globe-trotter. Des projets se présentent comme des virtualités. Certains épisodes annoncés (anticipations) ne verront pas le jour. Par exemple, il est question de retenir, pour le *Chevalier d'industrie* [48], un fait divers, « l'assassinat » — tout au moins ses « préparatifs »" — à Berlin « d'un facteur, qui transportait de l'argent, par un gentleman-criminel, à l'hôtel Adlon » (*Journal*, 5 janvier 1919).

Félix, comme Joseph, aurait connu des « fosses » sous la forme moderne du pénitencier. Les causes[49] et les conséquences de la détention ne nous sont pas livrées. Faut-il le regretter ? Peut-être, mais le héros n'a pas besoin de l'isolement pour faire son examen de conscience et, comme Joseph, encore une fois, se purifier. La « conversion » n'en est que plus authentique.

ITINÉRAIRE DE RHEINGAU À LISBONNE

L'action se déroule d'abord dans une petite ville du Rheingau (Eltville ?), « en pays rhénan », « région bénie » (p. 10) où « fleurissent » ces lieux célèbres dont « le nom seul réjouit le cœur de l'amateur de vins » (p. 11). Félix en est chassé en raison de « la faillite » (p. 69) et du suicide de son père. Avec quelle facilité, le jeune homme qui laisse derrière lui sa « petite patrie », sans même se retourner une dernière fois vers « son clocher, ses coteaux de vignobles ! » (p. 87). Et pourtant, il aura beau se déraciner, son image survivra après des années de « profond oubli ». La nouveauté exerce sur la jeunesse « un attrait infini » (p. 90).

---

[48] Conçu, d'abord, comme « nouvelle ».
[49] Un cambriolage ?

Puis, le lecteur est transporté, successivement, à Francfort sur le Main où, après la mort de son père et grâce à l'intervention de son « parrain », Schimmelpreester, se définissant lui-même comme le « grand prêtre » de la nature qui n'est que « pourriture et moisissure » (*Schimmel* = « moisissure »), Félix tient, avec sa mère, une pension de famille[50], établissement que la famille décide d'appeler « Pension Loreley » en pieux souvenir de l'heureux temps de Rheingau ; à Paris où, pistonné par son « parrain », il devient employé d'hôtel et à Lisbonne pour suppléer le marquis de Venosta, peu désireux d'accomplir le tour du monde auquel entendent l'obliger ses parents.

Bien que dans les (mauvaises) affaires — à propos desquelles il se montre, en famille, très discret — , Christian (des *Buddenbrook*) est un « picaro »[51], à sa façon. Il quitte Lübeck pour se faire employer à Londres dont, plus tard, il décrira « avec verve la vie et le mouvement »[52], bien en peine d'évoquer sa « formation » chez M. Richardson. Si l'employeur écrit aux Buddenbrook que « le jeune homme fait preuve d'aptitudes réelles pour l'anglais »[53] (alors que Félix se

[50] La famille vit d'expédients : Olympia Krull deviendra Mme Uebel bien que le mari soit « faible de poitrine » (p. 226).

[51] Sa « bougeotte » le fera aller jusqu'à Valparaiso, sans quitter les Anglais, pour autant : « Comme, à Valparaiso, il avait surtout fréquenté des Anglais, toute sa personne avait pris une allure britannique qui ne lui seyait pas mal. Il leur avait emprunté la coupe aisée, l'étoffe solide et laineuse de ses vêtements, l'élégance pratique de ses larges souliers et la manière de laisser retomber sur les lèvres sa moustache avec une expression aigre-douce. Même ses mains [...] avaient un air anglais » (*Les Buddenbrook*, p. 236).

[52] *Op. cit.*, p. 167.

[53] Devenu l'associé de son frère, Christian écrit des lettres anglaises « très habilement rédigées et fort efficaces ; il écrivait l'anglais comme il le parlait, simplement, sans recherche et sans effort, d'un ton

contente de « humer » les langues et fait semblant de les connaître), il signale que, « dans les affaires, il ne montr[e] pas toujours un intérêt suffisant et manifest[e] un trop grand faible pour les distractions de la capitale, par exemple pour le théâtre »[54], comme… Félix :

> — Je ne puis dire comme j'aime à aller au théâtre. Rien que le mot « théâtre » suffit littéralement à me rendre heureux. Je ne sais si quelqu'un de vous connaît ce sentiment. Je pourrais rester des heures assis là, silencieux, à contempler le rideau baissé. […] [J]'aime surtout les scènes d'amour… […] Il parlait de chanteuses de cafés-concerts, il racontait qu'une dame avait paru sur l'estrade avec une perruque poudrée, une longue canne et avait chanté un chant intitulé *That's Maria !…*[55]

Ou bien il se met « à raconter une histoire de Valparaiso[56], une affaire de meurtre crapuleux dont il avait été témoin. / — Alors, le drôle tire son couteau… »[57]

---

aisé et familier » (*Les Buddenbrook*, p. 242-243). Ensuite, il s'occupe de « compléter » son dictionnaire anglo-allemand « qui lui semblait insuffisant ». Il « perfectionne » (!) ses connaissances linguistiques. Il se met à apprendre le chinois, d'une manière désintéressée : « Il s'y appliqua fort pendant quinze jours » (p. 568).

[54] *Ibid.*, p. 216. — « Mon engouement pour le théâtre n'est-il pas une chose tout à fait extraordinaire et intéressante ? » (p. 239).

[55] p. 236-237.

[56] Souvenir impérissable de son « comptoir » de Valparaiso, associé à celui du farniente : « Par cette chaleur, bon Dieu ! Travailler ? No, sir, c'est comme vous le voyez, sir » (p. 571). Souvenir ému de Johnny Thunderstrom, « un fainéant, un garçon incroyable. / — Dieu me damne, jamais on ne l'avait vu travailler, et pourtant c'était un commerçant très habile… 'Mon Dieu ! disait-il, par cette chaleur !' » (p. 245). Christian raconte cette histoire devant Thomas : elle lui offre l'occasion « de bafouer et de railler le travail » (p. 246), divinité de son frère.

[57] p. 243.

LES VOYAGES FORMENT LES CONTEURS

« Amuseur devenu indispensable dans les réunions d'hommes », en ville, il jouit impunément et sans vergogne du bord de mer où il se donne des « vacances complètes », s'adonnant au comique balnéaire. En effet, quand il n'est pas au Casino, il descend sur la plage « pour raconter des histoires à la société des baigneurs, et toute la grève retenti[t] d'éclats de rire »[58]. Rien de tel que les voyages pour « avoir quelque chose à raconter ».

PROMOTION

Le voyage d'agrément offert par Venosta permet à Félix de satisfaire sa curiosité. Relégué, à la différence de Christian, dans les couches inférieures de la société et menacé de complète marginalisation, il opère sa remontée et parvient à se réaliser. Ascension qui n'était pas exceptionnelle à la fin du XIXe siècle, en dépit des stratifications sociales dont témoigne l'instrumentalisation du picaro par la direction de l'hôtel. Plus qu'à l'inégale répartition des richesses, c'est au manque de considération et de respect des supérieurs à l'égard du « petit personnel » que se montre sensible l'employé d'hôtel. Face à ce mépris, dont font preuve les faibles, entre eux, le marginal ne prend pas la défense des intérêts des exploités.

UN MARGINAL CARRIERISTE

« Universel de par [sa] nature », Félix se dit « riche de toutes les virtualités du monde » (p. 168). Mais ce n'est pas sans sourire que le lecteur accueille les propos du marginal concernant ce qu'il appelle sa « carrière »

---

[58] p. 261.

(p. 74), son « exténuante carrière » (p. 32), pour un peu il évoquerait un plan de carrière comme un fonctionnaire ambitieux. Il est encouragé par son « parrain », selon qui « la carrière hôtelière, celle de garçon de table », offre, « en ce qui concerne » Félix, « les plus brillantes perspectives ».

Le parrain conseille à la mère de Krull de tenir une pension — l'« établissement 'Pension Loreley' en allègre et pieux souvenir » (p. 90) — avec l'aide de son fils : « La cuisine est votre élément » (p. 83).

Félix cherche et trouve « quelques contacts personnels avec ce monde vers lequel [le] poussait [sa] nature » (p. 99). Il est toujours agréable à Félix de « faire impression, non point uniquement grâce à [son] extérieur avenant mais aussi à [ses] facultés cérébrales » (p. 164).

Le conseiller d'orientation, s'il considère qu'emprunter « le droit chemin » peut mener à « des situations très importantes » ne dissimule pas que, pour un enfant « né coiffé » comme Félix, s'ouvrent « toutes sortes de détours et de sentiers irréguliers » à côté de « la grande route commune » (p. 85). Il évoque la petite Eleanor Twentyman de Birmingham et lord Strathbogie parce que ces deux cas, simultanés, lui ont offert, « sous des formes diverses, la tentation de [s]'écarter prématurément de la carrière » qu'il avait choisie pour le jeter dans un des chemins de traverse auxquels son parrain avait fait allusion, « mais dont on ne saurait assez se demander où ils vous mèneront, et jusqu'où » (p. 234).

Métamorphosé en marquis de Venosta, c'est au tour du « serveur »[59] de se faire servir : « Un maître d'hôtel stylé m'accompagna à ma place avec des gestes engageants et poussa ma chaise sous moi » (p. 293). Félix

---

[59] « Quelle différence entre mon arrivée là-bas et mon entrée piteuse, naguère, dans la maison de la rue Saint-Honoré à Paris ! » (p. 317).

reconnaît qu'il prenait un « plaisir puéril », durant son séjour à Lisbonne, à « utiliser une voiture de louage convenable » (p. 395).

Malgré sa beauté, il se refuse à séduire l'ingénue Eleanor : il lui explique qu'elle est aveuglée par les « boutons dorés » de sa livrée (p. 239) et lui rappelle qu'il n'est qu'un garçon de table (p. 238). Il refuse aussi de « troquer le service hôtelier contre une place de valet de chambre » chez un riche lord (p. 244).

Pour parvenir à ce résultat, Félix a dû effectuer un travail sur soi. En effet, il serait illusoire de croire qu'il suffirait d'une révolution pour changer le monde si l'on ne mène pas, parallèlement, la transformation de l'individu, à cette promotion morale à laquelle entend se consacrer Félix.

Les métiers, à tous les niveaux de la hiérarchie où il les exerce, ont partie liée avec la communication pour laquelle Félix présente des prédispositions.

LE COMÉDIEN

C'est ainsi qu'il met à profit ses talents d'imitateur pour se faire passer pour un violoniste, ce qui lui assure un beau succès après des spectateurs (p. 27). Christian, lui, s'assied à un « petit harmonium » et parodie « un virtuose »[60] :

> Il faisait semblant de rejeter ses cheveux en arrière, se frottait les mains, levait les yeux vers une assistance imaginaire ; puis, sans produire aucun son ni actionner les soufflets, car il ne savait pas jouer, [...] il se mettait à travailler la basse, à exécuter des traits fantastiques. [...] Son jeu imitait à s'y

[60] C'est au cercle qu'il donne ses prestations : « Il faisait le virtuose au piano » (p. 245).

> méprendre la passion et le charlatanisme, le comique irrésistible, le caractère burlesque et excentrique des Anglo-Américains[61].

Christian est un excellent contorsionniste : « Pour faire rire les enfants, il disloqu[e] ses jambes comme un pantin et chante stupidement : 'Ô Tantebaum' » au lieu de « Tannenbaum »[62]. Bien que doué, mais manquant de sérieux, il est, comme Félix, allergique à l'école où, pourtant, il excelle dans l'imitation de ses maîtres : son art y est « prodigieux »[63]. Une autre institution, la Justice, elle-même considérée comme une parodie de la qualité morale qu'elle devrait représenter, est, elle aussi, parodiée : Christian Buddenbrook « se plaçait au cercle derrière une table, posait devant lui une pile de journaux en guise de dossiers et présentait une copie parfaite du défenseur : — D'ailleurs, déclarait-il chez lui, il n'est pas de plus belle carrière que celle de juriste, voilà qui m'eût parfaitement convenu... »[64]. Ou bien il aimerait faire des études... pour les loisirs[65] que procure la vie d'étudiant : « À l'université, vois-tu, la vie doit être bien agréable. On y va quand on en a envie, sans contrainte, on s'assied, on écoute, comme au théâtre... ». Que de professions qui auraient convenu à notre professionnel de l'oisiveté, à notre *débauché*[66] invétéré ! Ayant bien mérité de ses

---

[61] p. 238.

[62] p. 466.

[63] *Les Buddenbrook*, p. 63.

[64] *Ibid.*, p. 180.

[65] Dans *Le Grand Meaulnes* d'Alain-Fournier (édition critique, Nizet, 1983), Frantz de Galais dit aller « au cours » pour « se distraire » du spectacle de cirque qu'il donne en nocturne (p. 102).

[66] Krischan, pour les intimes de la « roulette » (p. 244), est « un libertin » qui rapporte des aventures qu'il aurait eues « en bateau, en chemin de fer, à Saint-Paul, à Whitechapel, dans la forêt vierge... » (p. 245).

compagnons de vie dissolue, Christian reçoit, avant son départ pour Hambourg[67], « une décoration de cotillon en papier doré » qui provient « d'une maison dans le voisinage du port, un hôtel qui, le soir, allumait une lanterne rouge au-dessus de la porte d'entrée, lieu de réunion sans contrainte où régnait toujours la gaieté »[68].

On pourra dire que l'un et l'autre sont d'humeur « fantasque », mais Christian est tantôt porté « vers un comique assez inepte, »[69] tantôt cause à sa famille les terreurs « les plus étranges »[70] : il avait observé sur lui-même, tout récemment, « une horrible anomalie » qui faisait que « certains jours [...], il ne pouvait voir une fenêtre ouverte sans être hanté par l'impulsion atroce et insensée de se jeter dehors »[71].

TRAVESTISSEMENT

Félix aime à se travestir (p. 31). Sa plastique lui vaut de poser comme modèle pour son « parrain » (p. 30), nu ou déguisé. Ce sont, bien entendu, les déguisements qu'il préfère.

---

[67] Lorsque son associé, M. Burmeester, mourra subitement, Christian, pour rester indépendant, prendra l'actif et le passif de la maison : « Des ennuis étaient à craindre de ce côté » (p. 321). Ils seront confirmés par les faits (*cf.* p. 354-355). Il envisage alors de retourner à Londres (*cf.* p. 357). Quand il y est, il doit, en raison de son état de santé, revenir en Allemagne (*cf.* p. 377) pour être hospitalisé à Hambourg, puis effectuer un séjour à Oeynhausen (*cf.* p. 383). « Guerre, clameurs guerrières, cantonnement, agitation » : Christian, de retour à Lübeck, sert de cicerone aux officiers prussiens qui désirent « se faire présenter au cercle » (p. 384).

[68] p. 288.

[69] Il décrit, à satiété (!), « les malaises consécutifs à une absorption excessive de punch suédois » (p. 474).

[70] *Ibid.*, p. 65.

[71] p. 568.

L'expression « jouer son rôle » dans la société prend ici le sens qu'elle a sur les planches. On joue au liftier pour gagner sa croûte (p. 38). Il ne s'agit pas, bien entendu, de perdre sa vie à gagner de l'argent : l'argent n'est qu'un moyen. Le mercantilisme n'est pas son fait et, peu doué pour réussir dans les affaires, il partage avec son « frère en littérature », Christian Buddenbrook[72], la passion de la liberté :

> [Thomas] lui fit une proposition au sujet de ses émoluments, que Christian accepta sans réfléchir ni marchander, d'un air embarrassé et distrait, montrant peu de cupidité et le seul désir de régler l'affaire au plus vite[73].

Mais

> le beau zèle de Christian pour les affaires commença, dès la deuxième semaine, et plus encore la troisième, à se ralentir considérablement[74].

---

[72] Christian dit à son frère Thomas : « Je t'interdis — tu entends le mot que j'emploie — je t'interdis de te mêler de mes affaires. Je suis libre, je suis mon propre maître... » (p. 500). Thomas, son aîné, lui a servi de contre-modèle ; il lui lance : « Je suis devenu ce que je suis [...] parce que je n'ai pas voulu devenir ce que tu es devenu » (p. 502). Leur conception de la vie est diamétralement opposée : l'un s'efforce de « faire de l'argent » et de « paraître », l'autre ne pense qu'au plaisir, principalement à celui qu'Aline peut lui procurer : « Si tu voyais ses dents quand elle rit ! Je n'en ai pas rencontré de pareilles dans le monde entier, à Valparaiso, pas plus qu'à Londres. [...] Et après, lorsqu'elle a été à moi... Voui, Thomas ! Voilà qui vous bouleverse autrement que de réussir une affaire... » (p. 356). Il donne à son neveu, Hanno, le conseil de s'amuser, « mais pas trop, et que cela ne te fasse pas oublier les travaux plus sérieux, entends-tu ? J'ai fait beaucoup de sottises... ». Et, sur ce, il annonce qu'il s'en va au cercle (p. 469) « où célibataires et noceurs » fêtent « leur Noël » (p. 471)...

[73] p. 240.

[74] p. 244. — Ce qui ne l'empêche pas d'affirmer que, « en dépit de tous les obstacles, il n'avait jamais complètement cessé de travailler » (p. 568). Au cercle ?

JUSTIFICATION

La marginalisation a pour conséquence la pauvreté. Le narrateur des *Buddenbrook* donne la parole au "picaro" qui laisse entendre qu'il n'est pas entièrement responsable de son état d'impécuniosité :

> Ces dernières années, il m'est souvent arrivé d'emprunter cinq schillings pour acheter de la poudre dentifrice et de me mettre au lit à la lueur d'une allumette… je ne sais pas si tous les torts sont de mon côté[75].

Thomas Buddenbrook « avait-il eu tort ou raison d'opposer toujours un froid dédain aux douleurs de Christian[76], à son 'tourment', à l'homme à la tête branlante, à la bouteille d'alcool à brûler, à la fenêtre ouverte ? Question oiseuse »[77], affirme le narrateur.

TRANSFERT

La passion de la liberté[78] — que n'entrave pas l'unique recherche du Profit — conduit Christian à soigner l'être plutôt que le paraître : « Je n'aime pas les détails extérieurs. Je n'y ai jamais attaché d'importance »[79]. Le « dandy » ne s'intéresse pas aux « détails extérieurs » : décidément, les romans de Thomas Mann sont des œuvres

---

[75] p. 496.
[76] *Cf.* p. 279.
[77] p. 585.
[78] Illusion, dans le cas de Christian, présenté comme un « esprit peu indépendant, qui n'aurait jamais découvert de lui-même ce livre, mais qui était capable de le comprendre et accessible à toute influence » (p. 282).
[79] p. 585.

ouvertes... Toujours est-il que le désir d'écrire de Félix s'origine dans la quête de l'essence.

Dès la première phrase du roman, disons l'incipit, le héros nous fait savoir qu'il prend la plume pour « noter [ses] souvenirs ».(p. 9). Il est bien compréhensible que Félix, après une « carrière » de simulateur, occupe « les loisirs de [sa] retraite » à cette simulation suprême que constitue l'écriture. Outrecuidance ? Le transfert d'une activité à l'autre ne s'opère pas si facilement. Voire.

CONFESSION

Le « chevalier d'industrie » promet d'apporter à son récit « la plus entière franchise », sans craindre de s'exposer « au reproche de fatuité ou d'effronterie » ; le lecteur ne peut pas faire confiance à un narrateur qui tente de prouver sa bonne foi en faisant appel à toute une vie de fraude ! Il faut, naturellement, faire la part de l'humour !

De toute manière, la fausse monnaie du romancier est de bon aloi lorsqu'il s'agit d'établir la vérité... romanesque, la fiction (auto- ?) en disant toujours plus que le prétendu témoignage.

C'est en décrivant sa propre vie qu'il est le plus loisible à Félix de suivre, « au lieu des lois de l'art, celles du cœur » (p. 97).

Outrecuidance ! On ne s'improvise pas écrivain ! On ne fait pas de bonne littérature avec de bons sentiments ! On entend d'ici ceux qui feront remarquer que le transfert ne s'opère pas si facilement. L'existence du récit de Félix prouve le contraire.

Son « don inné de la bonne fortune », qui n'a eu que trop « l'occasion de s'affirmer », « toute sa vie de fraude l'atteste », suffirait à convaincre Félix qu'il peut pouvoir « s'y fier aujourd'hui aussi » où il va « faire figure d'écrivain » (p. 10).

Il peut se croire fondé à entreprendre une œuvre littéraire dans la mesure où, pour simuler, il a mis en œuvre les ressources que le Ciel lui avait procurées, à savoir une faculté, « la reine », selon Baudelaire, celle d'imaginer. Ce don, il l'a utilisé pour jouer des rôles sur la scène du monde.

Sans être monté sur les planches, le picaro a su interpréter le rôle de Venosta à merveille, au point que Kuckuck n'y a vu que du bleu et que sa fille a été charmée par le pseudo-marquis.

Alain-Fournier, dans *Le Grand Meaulnes*[80], nous présente une galerie où dominent les portraits de personnages composites et c'est indifféremment qu'il désigne Frantz de Galais, le jeune aristocrate, — grand amateur, comme Félix, de déguisements (« cavalier blanc »[81]), et qui ne veut pas grandir[82], *puer aeternus* [83] —, par les mots de « comédien » et de « bohémien » : « le

[80] *Op. cit.*

[81] *Op. cit.*, p. 100.

[82] « Je voulais mourir. Et puisque je n'ai pas réussi, je ne continuerai à vivre que pour l'amusement, comme un enfant, comme un bohémien » (*ibid.*, p. 106). — « Il lui avait semblé recommencer son enfance » (p. 120). — « Quinze ans, il avait encore et tout de même quinze ans ! — l'âge que nous avions à Sainte-Agathe » (p. 196).

[83] Thomas Buddenbrook reproche à son frère d'être resté un enfant : « Eh bien, tu n'as cessé qu'en apparence d'être un enfant. Tu ne sais absolument pas te conduire », c'est-à-dire qu'il ne se comporte pas en conformiste (*cf.* p. 285) : « Ton manque de tact a quelque chose d'anormal, de morbide » (p. 499) ; on ne doit pas citer le nom de sa maîtresse devant son frère aîné ! Cela vient couronner une longue carrière d'iconoclaste. Christian n'avait-il pas commis un crime de lèse-commerce : « — Au fond, et vu de près, tout commerçant est un filou… » (p. 284) ? Hermès, dieu des commerçants et… des voleurs !

jeune bohémien » (p. 98), « l'écolier-comédien »[84] (p. 102), « le bohémien » (p. 104, 118 & 126), « comme un bohémien » (p. 106)… Et c'est aussi un « dandy »[85] !

Pour une littérature de l'ambiguité… L'image littéraire, comme le symbole, ne saurait être univoque. Réhabilitation de l'imaginaire.

L'IMAGINATION REPREND SES DROITS

Le temps n'est pas si éloigné où un Malebranche, atteint d'iconoclastie, pouvait, sans risquer d'être contredit, parler de « folle du logis » à propos de l'imagination. Le mal venait de loin. Le divorce entre le concept et l'image (enfermée dans le ghetto du rêve et de la fantaisie) remonte au départ définitif d'Ibn' Arabi — suspect aux yeux des autorités légalitaires — de Cordoue pour l'Orient. Le concept de nos « rationalistes » auto-proclamés n'est pas moins totalitaire que n'importe quel intégrisme. Et la nouvelle vogue structuraliste n'arrangeait pas les choses ! Seulement, les bases de la physique classique ayant été mises en question par la *physique quantique*, les quelques attardés du positivisme et du scientisme ont pris un coup de vieux. On s'est avisé que le « réel » était une notion insaisissable et que nous n'en connaissions que « des représentations à travers des systèmes symboliques »[86].

---

[84] *Cf.* Ganache, « le grand comédien », *op. cit.*, p. 193.

[85] Tout comme Félix et Christian qui, vêtu d'une jaquette « d'un vert tirant sur le jaune », tient, d'une main son chapeau et sa canne, et porte « des gants de fil gris » ; ses favoris descendent « très bas, à la mode anglaise » (*Les Buddenbrook*, *op. cit.*, p. 82). — « Il était vêtu d'un habit jaune à grands carreaux, qui avait un air tropical » (*ibid.*, p. 234).

[86] *Introduction aux méthodologies de l'imaginaire*, sous la direction de Georges Thomas, Ellipses, Paris, 1998.

UN MYTHE CONTRE LES MYTHES

Le mythe de Prométhée qui sous-tend positivisme et scientisme, est apparu comme un mythe contre les mythes[87] et la raison, comme l'un des départements de l'imaginaire défini comme système de relation des images, le sens étant donné par cette relation même.

On peut même parler aujourd'hui d'une « inflation de l'image » due à l'invention de la photographie, au développement de l'imagerie freudienne, à l'engouement pour les images venues d'ailleurs (ethnographie), mais aussi, hélas ! au culte de la personnalité (qui tient lieu d'analyse politique). L'Université elle-même, si frileuse, s'est mise à s'intéresser aux images. Il était temps : la première édition des *Structures anthropologiques de l'imaginaire*, de Gilbert Durand, date de 1960 !

DROIT DE CITÉ

Toujours est-il que, depuis quelques années, des doctorants peuvent, impunément, au grand dam du dernier carré des « réalistes socialistes » et autres théoriciens du « reflet », se livrer à une approche mythanalytique des textes littéraires qui se révèle « des plus fructueuses appliquées à l'écriture originale et à la personnalité tourmentée de Mirbeau », par exemple, et « continue de nous dévoiler certains aspects jusqu'alors insoupçonnés d'une œuvre qu'elle contribue vivement à éclairer »[88].

Nous avons vu que les thèses dirigées par Georges Cesbron, Directeur du Centre de Recherches en Littérature

---

[87] *Cf.* « Le système ou le mythe contre les mythes », *in Le Système et le mythe*, sous la direction de Jean-Marie Paul, L'Harmattan, 2002.

[88] Samuel Lair, *Le Mythe de la nature dans l'œuvre d'Octave Mirbeau*, Université de Bretagne occidentale, 2002, tome second, p. 3.

et Linguistique de l'Anjou et des Bocages (mentionné par G. Durand[89] et cité par J. Thomas[90]) portent des titres évocateurs à cet égard : *L'Étoile crépusculaire* (l'œuvre de Pierre Mac Orlan), *La Poétique de l'eau dans la littérature d'Aunis et de Saintonge, La « terreur de l'histoire » dans l'imaginaire littéraire du XXe siècle (Camus, Cioran, Ionesco et Char) à la lumière des écrits de Mircea Éliade...*

Bref, le critique littéraire se prive de moyens d'investigation — que nous jugeons indispensables — s'il ne prend pas en compte l'imaginaire (suivant en cela Félix qui prétend ne pas « puiser dans son imagination », p. 40, ce qui ne l'empêche nullement de parler de ses « rêveries » et de « certaines images » quelques pages plus loin (p. 60) et, plus particulièrement, la figure mythique qui donne à l'œuvre son visage.

KRULL, ÉCRIVAIN

L'imaginaire de l'écrivain Krull mérite d'être étudié d'une manière détaillée. Le passage en revue des « trente-six métiers » de Félix permet d'avoir une idée des sujets que Félix entend délaisser : il annonce qu'il s'abstiendra « d'essayer sa plume sur un sujet qu'il ne possède pas », faute de « connaissances mercantiles » et d'ennuyer le lecteur par « des explications techniques » sur la faillite de l'entreprise de son père (pp. 66-67).

LE « JOURNAL DE FÉLIX KRULL »

Le narrateur parle de son travail d'écrivain, travail intimement lié à sa vie de picaro, de dandy et d'égotiste, et

[89] *Introduction à la mythodologie*, Albin Michel, 1996, p. 17.
[90] J. Thomas, *op. cit.*, p. 313.

l'on pourrait intituler l'ensemble de ces intrusions d'auteur « Le journal de Félix Krull ».

Le narrateur éprouve le besoin de préciser qu'il a abandonné ses « papiers » qui ont « reposé sous clef » pendant « près d'un an ». Il a été détourné de son entreprise, de « poursuivre ses confessions » et « d'entasser avec persévérance feuillet sur feuillet », par « le manque d'entrain » tout à fait compréhensible — de la part d'un picaro paresseux — et des doutes « quant à la réusite de [son] entreprise » — qui ne sont pas seulement le fait d'un marginal[91], mais de tout écrivain. Dont acte.

MODESTE FÉLIX

L'écrivain amateur se demande si « les confidences véridiques » tirées de sa vie, et qui, « modestement, serrent de près la vérité » peuvent « rivaliser avec les inventions des écrivains ». L'écrivain Krull, comme Octave Mirbeau avant lui, est entré dans l'ère du soupçon : « Mes grossiers[92] produits artistiques peuvent-ils s'assurer la faveur d'un public que l'on imagine aisément excédé et blasé. » On attend « émotions » et « excitations » d'une œuvre littéraire que son titre semble ranger parmi « les romans criminels et les histoires policières » alors que l'histoire de sa vie, certes « étrange et souvent pareille à un rêve », est dénuée d'« effets redondants et d'intrigues palpitantes » (p. 73). On est en droit de se demander si ces propos sont sérieux, de la part d'un narrateur qui use du

[91] Voir « La marginalité du grand Meaulnes », *in Figures du marginal dans la littérature française et francophone*, Textes réunis par Arlette Bouloumié, *Recherches sur l'imaginaire*, Cahier XXIX, P.U. d'Angers, 2003.

[92] Mépris de soi ? *He stoops to conquer* (?).

leitmotiv et bouffonne, pour le plus grand plaisir du lecteur.

DU COTHURNE À LA PLUME

Les raisons pour lesquelles Félix se met en devoir d'écrire sont celles qui l'ont conduit à embrasser, jusqu'alors, d'autres carrières :

> Je devrais [...] me reprocher d'avoir si longuement parlé, pour moins que rien de ma première visite au théâtre — si je n'écrivais mes souvenirs tout d'abord pour mon divertissement personnel et en second lieu seulement pour celui du public.

Pourtant, il rectifie le tir, et, voulant « rendre hommage à la vérité », il avoue « qu'en secret, et comme qui dirait du coin de l'œil », s'il a, à maintes reprises, « au cours des pages précédentes » prétendu qu'il consignait « ces événements mémorables »[93] surtout pour « s'occuper » et « se divertir », il a tout de même « en écrivant, tenu compte du lecteur lettré ». C'est « l'espoir réconfortant » de susciter « son intérêt et son approbation » qui lui ont procuré la constance d'avancer « son travail, fût-ce jusqu'au point actuel » (p. 73).

DISCOURS

Félix dit s'interdire les fioritures de style qu'il porte au compte de l'imagination, et il est vrai que le « discours » paraît comme un moyen-terme entre l'image pure et le système de cohérence qu'elle promeut. Est-ce à dire que le récit de Félix ne répond pas à cette définition du discours ?

---

[93] Antiphrase ?

Selon lui, attirer l'attention du lecteur sur la « littérarité » de l'œuvre, c'est une attitude de « gensdelettres ».

L'auteur nous livre quelques secrets de fabrication. Nul souci d'« équilibrer [son] ouvrage », ce qui est le fait d'écrivains qui s'efforcent de « tirer, du sujet qu'ils ont inventé, des œuvres d'art belles et bien ordonnées ». Félix sera marginal jusqu'au bout de la plume. Il affirme vouloir se « borner à relater [sa] vie singulière » et « en use à [son] gré ». À métier de marginal, récit en marge (p. 40).

Pas si en marge que ça, finalement. Combien d'écrivains font-ils alterner « pauses » et « sommaires »[94] ?

> S'agit-il d'expériences et de rencontres auxquelles je dois un enseignement et une explication particulière sur moi ou sur le monde, je m'attarde longuement et peins chaque détail d'un pinceau effilé, alors que je glisse sur d'autres choses moins précieuses à mes yeux. (p. 40)

> Je saute sur les premiers jours troublés qui suivirent notre arrivée à Francfort, car je n'aime pas me rappeler le rôle piteux qui fut le nôtre dans cette ville commerçante, si riche et magnifique, et je craindrais de mécontenter le lecteur en m'attardant longuement sur les conditions de notre existence d'alors. (p. 89)

Toujours est-il que le picaro écrivain ou, plutôt, l'écrivain picaro, n'écrira pas un roman… picaresque ! Marginal jusque dans la marginalité, il n'emploiera pas (pour la plus grande déception du lecteur) l'un des

[94] Terminologie de Gérard Genette.

ingrédients qui ont fait la fortune des chevaliers d'industrie littéraires, à savoir le « ton relâché » ou les « plaisanteries lestes », la « grivoiserie », les « écarts de langage ». Quand il s'agit d'évoquer la conception de l'amour, « le plus important et mystérieux des actes de la nature et de la vie » dont l'érotique de Félix, à l'instar de celle des troubadours[95], constituerait la défense et illustration. Parler de ces choses « sur un ton impudent, avec une frivolité lascive », serait « abandonner au gros rire du vulgaire » la grande affaire de la vie (p. 59).

L'ÉCRITURE DE SOI

Il privilégie l'écriture du soi dont on sait qu'il a le culte, un « soi » qui, souvent, se dédouble, s'adresse à lui-même[96] pour s'encourager, s'exhorter à approfondir les choses : « Va plus loin encore ! Demande-toi quel mobile a poussé ce mauvais plaisant à apprendre l'art de se transfigurer chaque soir » (p. 42). Indirectement, invitation à l'introspection.

SOUVENIR D'ÉGOTISTE

Nous savons aussi qu'il a orienté sa vie vers le monde en tentant de le rendre harmonieux. Égotisme, si l'on veut, mais ce n'est pas l'égoïsme qui gouverne sa vie. Il nous prévient qu'une pensée joua dans sa vie un rôle important et qu'il l'a tue tant qu'il n'a pas disposé d'un nom pour la désigner. Il s'agit d'« impressions » et de « pressentiments » qu'il a englobés, faute de mieux sous la dénomination de « ce qu'il y a de meilleur » ou « la grande joie » (p. 60). C'est « après avoir posé un instant »

---

[95] René Nelli, *L'Érotique des troubadours*, 10/18, 1974.

[96] Ou au lecteur ? *Cf.* « Lecteur inconnu ! » (p. 59).

sa plume et s'être recueilli qu'il aborde un domaine auquel, jusqu'à présent, il n'a fait qu'allusion, et sur lequel son « esprit scrupuleux » l'oblige à « s'attarder un peu » (p. 59). À peu près honnête, dans l'œuvre comme dans la vie.

LE « TRÉSOR DES HUMBLES »

Une autre remarque s'impose : le souci du « détail » — que Félix prétend borner aux « explications particulières », mais patent dans ce récit — range le narrateur parmi les écrivains qui, comme Dostoïevski, opèrent une révolution microcosmique, une révolution par les « humbles », ces « humbles » dont Maeterlinck inventorie le « trésor » dans son livre de 1907. Microcosmique parce que la puissance du poucet, de l'exclu, vient bafouer la force du géant, du nanti, qui renverse les habitudes de penser du classicisme romanesque pour faire primer le prétendu inférieur sur les sentiments humains. Viennent à l'esprit les noms de Charles-Louis Philippe, d'Alain-Fournier[97] et, plus près de nous, de Jean Rouaud[98].

« PETITS SUJETS »

Prédilection de Van Gogh et de Gauguin, par exemple, pour les « petits sujets »[99]. Valorisation des objets par l'éclairage comme dans les clair-obscur de

---

[97] Allumette, boîte, bol, bougie, bouteille, cerceau, coquilles, jouets, joujoux…

[98] Dentier et beurrier, piscine pour oiseau en cage.

[99] Chaise avec pipe, faucille, verre à bière, bouteilles, cruches, cafetière, bols, rouet, brouette, coffret, pot de fleurs, vase et coquillage… pour ne parler que de la période de Van Gogh qui précède celle de Nuenen.

Georges de La Tour (*Nouveau–Né*) ou de son maître, Michelangelo Merisi, dit Le Caravage (*Martyre de saint Matthieu*)[100].

PARLEZ-MOI D'HUMOUR

L'humour est le « style » de la structure intimiste de l'imaginaire telle qu'elle se manifeste par le privilège accordé au « matérialisme de l'ambiance »[101]. Et les intrusions d'auteur, dont Thomas Mann est coutumier, sont l'un des moyens que les auteurs burlesques mettent en œuvre pour égayer la narration.

Dans *Le Chemin du cimetière* [102], l'auteur évacue ce qu'il aurait pu, tout simplement, s'abstenir de mentionner : « Ce petit chien [...] était réjouissant au possible, malheureusement, il n'a rien à voir à cette histoire, aussi faut-il nous détourner de lui ».

L'EXEMPLE DE *LA MONTAGNE MAGIQUE*

Commentaire destiné à faire comme si nous allions, effectivement, à la rencontre de Hans Castorp, dans *La Montagne magique*[103] : « Si, dans cette circonstance, nous nous mettons en quête de Hans Castorp, nous le trouverons dans le salon de lecture ».

D'une manière générale, on nargue le lecteur en commettant des entorses à la règle selon laquelle le narrateur doit faire semblant de découvrir les événements

---

[100] Reproductions *in* Hervé Loilier, *Histoire des arts* , Ellipses, Paris, 1996, p. 104 & 105.

[101] *Cf.* G. Durand, *Les Structures anthropologiques de l'imaginaire*, Bordas, 1969, p. 317.

[102] *In La Mort à Venise*, suivi de *Tristan* et du *Chemin du cimetière*, Le Livre de poche, 1971, p. 180.

[103] Traduction de Maurice Betz, Fayard, 1961, p. 602.

au fur et à mesure qu'il les raconte : « Nous sommes pour le moment seul à savoir à quoi, grâce à l'esprit entreprenant de Hans Castorp, cette soirée de Carnaval, devait conduire »[104]. Anticipation : « Ce disque, [...] en une autre circonstance assez étrange, jouera encore un rôle »[105]. « Aurait-il le dernier mot ? Nous le verrons car nous sommes retenus en ce lieu de plaisir pour une période suffisante de temps terrestre »[106].

L'ÈRE DU SOUPÇON

On entre dans l'ère du soupçon : comment le narrateur peut-il ignorer la fin de l'histoire qu'il raconte ? « Écoutons bien ! c'est peut-être la dernière fois que nous l'entendons »[107].

Rétention d'information. Opacification par in-définition : « Hans Castorp l'avait dit *un* soir en français »[108]. Hans Castorp « ne peut s'empêcher de se souvenir de certaines paroles qu'il avait entendu prononcer en français, de la bouche d'*un* tiers »[109].

Ou bien, pour effectuer un rappel des événements, le narrateur fait comme s'il doutait de la bonne mémoire de son « auditeur » (?) : « Peut-être certains de nos auditeurs se souviennent-ils encore... »[110].

Le narrateur Krull use des anticipations (« par avance »), affichant son mépris « de l'ordre chronologique » (p. 10).

---

[104] *Op. cit.*, p. 355.
[105] *Ibid.*, p. 702.
[106] *Ibid.*
[107] P. 676.
[108] p. 377.
[109] p. 378.
[110] p. 737. — Félix parle de « lecteur » (*cf. supra*).

Dans *La Montagne magique*, la linéarité de la vie est invoquée pour excuser celle de la narration : « C'est une condition de la vie et de la narration que tout ne s'y passe pas à la fois, et il conviendrait tout de même de respecter les formes de la connaissance humaine que nous devons à Dieu »[111]. Ce qui n'empêche pas le narrateur de nous servir un récit lacunaire (paralipses) qu'il comble à coup d'informations données après coup (analepses)[112] :

> Que Mme Chauchat eût l'intention de revenir [...], de cela Hans Castorp avait reçu des assurances, directes et verbales, qui lui avaient été données non point lors du dialogue en langue étrangère que nous avons rapporté, mais dans l'intervalle de temps que, pour notre part, nous avons laissé s'écouler sans mot dire, durant lequel nous avons interrompu le cours lié au temps de notre récit et pendant lequel nous n'avons laissé régner que lui, la durée pure[113].

Les omissions que l'on pourra trouver dans le récit seraient dictées par les scrupules d'ordre moral du narrateur (et du héros) ou dues à la sympathie qu'il éprouve à l'égard de son personnage dont l'élévation morale force le respect :

> La réserve et la pudeur nous interdisent de renchérir en narrateur zélé sur ce qui retentit et arriva alors[114].
>
> Mais ne nous laissons pas tirer de notre calme réfléchi par cette prescience et rendons au temps l'honneur qui lui revient, et ne précipitons rien, peut-être même traînons-nous les événements en longueur

---

[111] p. 621.
[112] Terminologie empruntée à Gérard Genette (*Figures*, III, Seuil, 1972).
[113] *La Montagne magique*, *op. cit.*, p. 379-380.
[114] *Ibid.*, p. 764.

> parce que nous partageons la retenue morale du jeune Hans Castorp qui a si longtemps retardé ces événements[115].

> Si nous avons caché que, grâce à ce moyen, ces heures s'étaient pour lui écoulées sans peine, c'est parce que nous avons pris part à l'inquiétude de sa conscience, mêlée à l'effrayant bonheur de ces images et de ces visions[116].

Ce qui n'empêche pas le narrateur de prétendre à « l'objectivité » :

> Fidèle à notre principe de ne le [Hans Castorp] faire ni meilleur ni pire qu'il était[117].

Pour les « pauses », le narrateur abdique ses droits pour « donner la parole » à un personnage (changement de « point de vue ») dont il reconnaît la relative compétence : « Nous lui avons laissé le soin de tracer une image approximative de ce nouveau pensionnaire si inattendu, et il ne s'est pas trop mal tiré d'affaire. Il est possible que nous n'aurions pas fait sensiblement mieux »[118].

L'évaluation du temps écoulé est sujette à caution, le narrateur ne pouvant se fonder sur l'appréciation du héros : « Ainsi passait le temps : ce furent des semaines, si nous les évaluons, car nous ne pouvons en aucun cas nous fier au jugement et au sens que Hans Castorp avait du temps »[119].

Position instable que celle du narrateur qui s'implique non seulement dans la narration, mais aussi

---

[115] p. 355.
[116] p. 222.
[117] p. 622.
[118] p. 595.
[119] p. 601.

dans l'histoire en tant que personnage sans se mettre en scène (ce qui n'est pas la cas de Félix) : « Il entourait *notre* petit cercle »[120] ; le lecteur « peut *nous* en croire »[121].

Le changement de « point de vue » contribue à rendre l'œuvre « ouverte ». Mais il est un domaine, celui de l'éthique — éthique et esthétique étant le moteur de l'œuvre mannienne — où Th. Mann rejoint le narrateur : sur la Montagne magique, Hans a appris « à aimer, à se dévouer aux plus malades que lui, aux isolés, aux mourants »[122].

Ici les interventions constituent, comme nous l'avons dit, un commentaire de l'œuvre par quelqu'un qui se donne pour écrivain. Dernière pirouette du « Magicien ».

---

[120] p. 715.

[121] p. 463.

[122] Geneviève Bianquis, Introduction à *La Mort à Venise*, *op. cit.*, p. 27 .

LES POLARITÉS DE L'IMAGINAIRE MANNIEN

LE JOUR ET LA NUIT

Kaléidoscope des images diurnes et nocturnes, *Félix* n'appartient pas, tout uniment, au régime nocturne de l'image et, plus particulièrement, à la structure disséminatoire du dit régime. C'est ainsi que des images constellent, schizomorphes : ce que les rapports de Krull avec ce qu'il désigne par l'expression de « la double Image » répand sur « l'une de ses parties — la maternelle — une lumière très forte d'un rouge sanglant » et rejette « dans l'ombre, la figure charmante de la fille » (p. 416).

VISAGES DU TEMPS

Félix considère la vie « d'un œil moins attiré par ses laideurs et ses brutalités que par ses côtés délicats et aimables » (p. 152). Et d'opposer « la laideur », qu'il juge « coupable » , à la « beauté » (p. 358). Mais il ne peut passer à côté des misères que le picaro, plus que tout autre; est amené à côtoyer : « Les choses ne sont et ne se passent point de la façon la plus propre, on le conçoit » (p. 403). Le décor urbain rend les phénomènes climatiques repoussants : « Une bouillie de neige salissait le trottoir, la pluie tombait obliquement et les grands flocons informes qu'elle apportait se posaient comme des bêtes molles, mouillées, sur les épaules, le visage et les bras » (p. 132). La péjoration conduit à l'animalisation.

Dans ce roman, réputé plaisant de l'aveu de son auteur même, il y a place pour ce que Gilbert Durand désigne par l'expression « visages du temps »[123] : la toile de fond sur laquelle se déroule toute l'expérience humaine est bien le temps considéré comme la contrainte suprême,

---

[123] *Cf.* Gilbert Durand, *Les Structures anthropologiques de l'imaginaire*, Bordas, 1969.

liée à la biologie, engendrant la maladie, le vieillissement, la laideur et la mort.

CRONOS

Les symboles de Cronos traduisent l'expérience du mal et de la souffrance inhérente à la condition humaine dont l'imagination construit l'archétype à partir « des terreurs, des dégoûts, des frayeurs, des répulsions instinctives »[124].

ANIMALISATION

L'agression du temps est rendue par les figures privilégiées du bestiaire. L'animalisation des individus ou de la foule manifeste la puissance menaçante de la *bêtise*, souvent dangereuse. L'acteur Müller-Rosé est « une flamme rayonnante » pour tous ces spectateurs, « plongé[s] dans l'ombre » qui forment « un immense essaim de papillons nocturnes qui se précipitent, muets, aveugles, ivres d'extase » vers leur idole[125] (p. 37), immense essaim de « pauvres phalènes » et de « moucherons » qui, « silencieux, éperdus, se jetaient dans la flamme attirante » (p. 41).

---

[124] *Op. cit.*, p. 106.

[125] Ce qui inspire à Félix — qui a suivi l'acteur dans sa loge — cette observation : « Ainsi donc, pensais-je à peu près, cet individu barbouillé, à peau de lépreux est le bourreau des cœurs vers qui montaient tantôt les rêves nostalgiques d'une foule grisée. Ce répugnant ver de terre est la forme réelle de l'ineffable papillon en qui, tout à l'heure encore, mille prunelles croyaient voir l'incarnation de leurs secrets rêves de beauté, de grâce et de perfection ? N'est-il pas tout à fait semblable à l'un de ces petits insectes mous, ignobles, qui la nuit, leur heure venue, ont le pouvoir d'irradier une lumière féerique ? » (p. 41).

Faisant sa cour au roi du « glorieux » Portugal, Félix ne manque pas d'affirmer qu'il n'ignore pas que, même à la Cour, « il ne manque pas d'éléments... d'éléments qui se disent radicaux, sans doute parce qu'ils rongent, comme des rats fouisseurs, les racines de la société » (p. 378). L'animalisation s'accompagne de l'évocation du grouillement, de la prolifération, de l'excroissance anarchique, de l'étouffement ainsi que de l'horreur du gluant et du fourmillement sur la peau : Félix, qui dort sur un sofa, est « en proie aux morsures et aux piqûres d'une grouillante vermine » (p. 89).

Le nom « rhinocéros » sert à désigner « M. Stürzli » (p. 164).

Parfois, l'animalisation constitue une valorisation positive de l'être humain, de la femme, en l'occurrence : Rozsa avait « des jambes longues de poulain » (p. 132). Du régime « diurne » de l'imaginaire et ses images d'affrontement avec les puissances du mal, on est passé alors au régime « nocturne » et à ses structures intimiste ou disséminatoire. Miss Twentyman est dite « jolie à la manière d'une chevrette » (p. 235), le diminutif[126] (puérilisation) ajoutant à la valorisation .

EAU NÉFASTE

Parmi les images nyctomorphes figure l'eau qui s'écoule, héraclitéenne, « amère invitation au voyage sans retour »[127]. Quant aux larmes, elles sont, comme l'écrit Bachelard, « la matière du désespoir » : placé à côté de la dépouille de son père « qui se refroidissait peu à peu, »

[126] *Cf.* «belette» (p. 249), autrement dit « petite belle », par euphémisme, pour se concilier les bonnes grâces de cette terreur des poulaillers.
[127] P. 104.

Félix lui offre « l'abondant tribut de [ses] larmes » (p. 70). Le sang qui s'écoule est, avec le sang menstruel, une eau superlative. Lors de la corrida, « l'ocre » de « la lice » va bientôt « s'émailler de flaques de sang » : « [C]e qu'on lisait sur les milliers de visages », à ce moment, était « contenu, bridé par une certaine solennité » (p. 421). La foule est sensible à « l'ambiance à la fois angoissante et solennellement divertissante, ce mélange incomparable de bouffonnerie, de sang et de ferveur, ce débridement de nationalisme primitif, cette remontée d'une fête sacrée de la mort » (p. 423). Maria da Cruz, la femme à la personnalité « sévère et élémentaire » se confond, pour Félix, « avec le jeu sanglant de l'arène en contrebas » (p. 425).

BELLE DE NUIT & FEMME FATALE

L'eau mortelle stagnante est le miroir de la sorcière, mi-monstre, mi-femme, vamp et femme fatale, celui des puissances infernales.

Entre toutes les variétés humaines que la grande ville offre à l'observation de Félix, il en est une qui ne manque pas d'exciter son imagination : « Il s'agit de ces personnes du sexe, dénommées femmes publiques et filles de joie, ou tout simplement créatures, ou, sur un ton plus soutenu, prêtresses de Vénus, nymphes et Phrynés », « à la bouche grande et fardée de rouge » (p. 128). Cette « institution » est comme « un résidu coloré, aventureux, d'époques plus licencieuses ». Ce sont pourtant ces « furtifs oiseaux de nuit » — que le langage populaire qualifie d' «oiseaux de mort », de « poulettes funèbres », « petites chouettes ou hiboux » — qui l'ont flatté d'une « attention complaisante » (p. 128).

Il y a de l'euphémisation dans l'air. L'accent est mis, dans *Le Chevalier*, sur la « beauté du diable »

(p. 256) qu'incarne Zaza : Venosta est « envoûté par son appétissant décolleté, son babillage, les petits sortilèges de ses yeux noirs ». Elle se complaît à sa « tendresse » et cherche par tous les moyens à « l'attiser » (p. 257). Le souvenir de Zaza inspire à Félix un rêve érotique, mais nous sommes loin du cauchemar dionysiaque d'Aschenbach[128].

GÉHENNE

Tous les aspects négatifs de la vie sont synthétisés par l'Enfer. Contrefaisant l'épilepsie, lors du conseil de révision, Félix évoque son rôle de composition en recourant à des visions infernales : « Des mouvements de l'âme en accord avec ces phénomènes physiognomoniques, des sensations d'hilarité aussi stupides, d'ahurissement grossier, de folle volupté, de tourments dénaturés, de fureur et de grincements de dents, n'eussent point ressorti à ce monde mais à un royaume infernal où nos passions terrestres se retrouveraient monstrueusement amplifiées » (p. 119-120). L'être est soumis aux agressions des monstres et aux remords, tombe dans la boue : l'œil de l'homme, par exemple, « mucilage enchâssé dans une caverne osseuse, une fois privé de l'âme, il est destiné à pourrir quelque jour dans la tombe, à se dissoudre de nouveau en boue liquide »[129] (p. 101). Il nourrit la pourriture et se désagrège dans l'égout. « La nature entière n'est que pourriture et moisissure sur cette

---

[128] *Cf. La Mort à Venise.*

[129] L'horreur qu'inspire cette évocation est toutefois tempérée par la consolation qu'apporte la suite de la phrase : « [M]ais aussi longtemps que subsiste en lui l'étincelle de vie, il sait jeter d'admirables ponts éthérés par-dessus tous les gouffres de l'extranéité qui se peuvent interposer entre un humain et un autre » (p. 101).

terre »[130] (p. 403). La puanteur est du voyage : « L'odeur d'humanité dans la salle était devenue pénible »[131] (p. 107).

LA CHUTE

L'homme est soumis à la pesanteur et à la chute, qu'elle soit concrète, sous la forme du vertige ou bien morale sous la forme de la faute. Si Félix se permet d'en commettre quelques-unes, elles n'ont rien de comparable aux exactions, tripatouillages auxquels se livrent les « défenseurs » de la société. Félix est convaincu que l'honorable conseiller sanitaire Düring (p. 49) aurait été prêt « à n'importe quel témoignage, quelle malversation, quel acte de corruption s'il avait cru se faire ainsi bien venir des autorités ou se signaler aux puissances établies, comme leur zélé partisan. Cette conduite correspondait à son vulgaire sens des réalités, grâce auquel — à défaut de qualités plus hautes — il espérait faire grande carrière » (p. 50).

LA CHAIR

La faute morale peut revêtir la forme du péché de la chair digestive (l'homme n'est que « *mesentère et puanteur* », récite Zouzou, p. 402) ou sexuelle. Rétive à l'amour de Félix, Zouzou brosse de l'amour physique un tableau assez peu ragoûtant : « [O]ù voulez-vous en venir ? À quoi tendent vos paroles et vos regards

---

[130] Félix met ces propos dans la bouche de ce qu'il appelle « un original » et s'empresse d'ajouter que cette « mordante originalité » qui ira jusqu'à « la consommation des siècles », ne parviendrait pas à « abolir l'amour et la joie que nous procure l'image » (p. 403).
[131] Mais, la fenêtre étant ouverte, le regard peut se porter « sur la campagne » (p. 107).

langoureux ? À une chose indiciblement ridicule, absurde, puérilement dégoûtante. […] Vous voulez que je consente à ce que nous nous étreignions, à ce qu'un être humain en étreigne un autre, cet autre que la nature a soigneusement séparé et différencié de lui ! Vous voudriez appuyer votre bouche sur la mienne, […] n'est-ce pas ? C'est une répugnante indécence ». Le mot « sensualité » représente pour elle « un bourbier d'inconvenance » ; elle transforme « deux êtres civilisés » en « cannibales » (p. 400). Le moins qu'on puisse dire est que l'hystérique n'y va pas de main morte. L'amour (ira-t-on jusqu'à le qualifier d'animique ?) que lui porte Félix ne semblait pourtant pas empreint de perversité.

RÉGIME NOCTURNE DE L'IMAGE

La puissance du temps peut être euphémisée. Le processus d'euphémisation[132], en germe dans l'animalisation, la compensation de la laideur par la beauté de la nature, la puérilisation de la femme fatale, s'intensifie en utilisant, le plus souvent du procédé de compromis.

Au régime que Gilbert Durand qualifie de « nocturne », la mort n'est plus que le dernier sommeil. L'homme n'est pas un esprit pur n'attendant de secours que de la religion. Il est aussi un corps auquel l'apaisement des sens peut apporter le bonheur. La vie, si dure soit-elle, peut être, également, source de plaisirs. Le vol d' « une poignée de bonbons », d' « une tranche de pain d'épices », d' « une tablette de chocolat », des « libres et fantastiques mainmises sur les douceurs de la vie » exalte « tout l'être »

---

[132] Félix ne dit pas que les commensaux de son père étaient de grossières gens, il dit de ceux qui cherchaient à hanter la maison Krull qu'ils « ne constituaient pas l'élément le plus raffiné » (p. 26) des habitants de la région.

de Félix : il croit retrouver « l'indicible impression » qui depuis longtemps lui était déjà familière et « résultait de certaines explorations » dans le champ de sa pensée (p. 58).

Félix trouve le plaisir des sens dans la consommation de nourritures terrestres : jambons, saucisses, cacao, thé, marmelade, miel, confitures, poissons fumés, maquereaux, lamproies, flets, anguilles, sprats, saumon, fruits rares, caviar, pâtés de foie gras, poulardes, rôti, fromages, légumes variés… (p. 55).

CARPE DIEM

Un dispositif permet lorsque la porte, ouverte par un courant d'air, revient lentement sur ses gonds d'entendre le début de la chanson « Jouissez de la vie »[133] qui « s'égrène en notes fines » (p. 14)

LA COUPE

Par le mot « coupe », Gilbert Durand désigne l'ensemble des manifestations de la structure dite « mystique », mot auquel nous préférons, pour éviter toute confusion, celui d' « intimiste », du régime nocturne de l'image : « Le salon [des Krull] [est] orné avec une […] douillette gentillesse » (p. 82). Même la cantine des employés connaît une atmosphère « chaude et agréable à cause de l'aromatique boisson matinale » (p. 158).

La mort s'euphémise jusqu'à l'antiphrase à travers les images innombrables de l'intimité. C'est ainsi que de nombreuses sociétés assimilent le royaume des morts à

[133] Si « le petit appareil » ne fut pas saisi comme le reste, c'est qu'il échappa « à l'attention de ces messieurs du tribunal » (p. 68).

celui d'où viennent les enfants[134] : « La vie n'est rien d'autre que le détachement des entrailles de la terre, la mort se réduit à un retour 'chez soi'. Le désir si fréquent d'être enterré dans le sol de la patrie n'est qu'une forme profane de l'autochtonisme 'mystique', du besoin de rentrer dans sa propre maison »[135] .

On peut suivre le trajet étymologique qui, dans les langues indo-européennes, va de creux à la coupe[136]. Le creux est avant tout l'organe féminin.

LE JARDIN

L'espace circulaire (*cf.* la coupe) fait porter l'accent symbolique sur les voluptés secrètes de l'intimité. Le jardinet concentre et résume la totalité de l'Univers[137] : « Notre villa faisait partie de ces agréables résidences seigneuriales, adossées à des pentes douces qui dominent le paysage rhénan. Le jardin déclive s'ornait abondamment de gnomes, de champignons et de toutes sortes d'animaux en faïence, imités à s'y méprendre » (p. 13).

Cependant, Félix ne cherche pas le refuge pour lui-même : si l'entendement des bêtes n'imagine rien au-delà « du gîte et de la couvée », ces derniers n'ont rien de commun avec l' « enceinte à colonnade » : « L'esprit qui

---

[134] Tel le Chicomoztoc, « lieu des sept grottes » de l'ancien Mexique (*Cf.* Jacques Soustelle, *La Vie quotidienne des Aztèques*, Hachette, 1955, et *L'album de la vie quotidienne des Aztèques*, Hachette, 1959).
[135] Mircea Éliade, *Traité d'histoire des religions*, Payot, 1949, p. 222.
[136] *Cf.* gr. *kusthos* (= « cavité », « giron »), *keutos* (= « sein de la terre ») ; arménien *kust* et védique *kosta* (= « bas-ventre ») ; à la racine i.-e. *skeu-*, (skr. *skunati* = « il couvre »), se joignent (*kutos* = « voûte »), (*kutis* = « coffret ») et (*kuatos* = « gobelet », « calice », « coupe »).
[137] Dans les *Védas*, du jardin primordial, du Paradis, jaillit un ruisseau dont la source représente la boisson sacrée.

l'animait, affranchi de la nécessité utilitaire, s'élevait », comme Félix, « vers des aspirations nobles » (p. 347).

MINIATURISATION

Miss Twentyman est « une blondine menue, jolie à la manière d'une chevrette, et qui montrait les plus attendrissantes clavicules du monde, le soir, dans sa petite robe de soie un peu échancrée » (p. 235). Son compagnon de « chambrée » demande à Félix de lui montrer ses « petites mains » (p. 154). La chienne, « minuscule », répond au nom de « Minime » (p. 369).

Félix déplore, après la faillite de son père, la perte de ce qui faisait l'« agréable superfluité » de leur intérieur : le rouet, les coussins de duvet, les petits coffrets à miroirs et les flacons de senteurs, « les gais rideaux de jonc multicolore » (p. 68).

À Francfort, « quatre ou cinq fragiles petites tables gigognes, à thé ou à dessert » composent la table autour de laquelle la famille est réunie (p. 83). Humbles détails, « trésor des humbles » (Maeterlinck).

AU MIROIR DE PYGMALION

G. Durand opère une distinction entre le simple réalisme et le « sur-réalisme » expressif qui est « creusement de la surface par le contraste des valeurs », « par le clair-obscur et les techniques du luminisme, Caravage et tous les peintres (Georges de la Tour et Rembrandt) que rassemble la raréfaction »[138], ce qui rend un objet « rare ». Et l'on va vite en besogne quand on n'apprécie que les vastes compositions dont Mirbeau se gaussait : ce sont les peintres « mineurs » (Chardin !) qui

---

[138] *Beaux-arts et archétypes*, P.U.F., 1989, p. 47.

traitent de « petits sujets » (Van Gogh !) ! En littérature, ce serait faire primer l'inférieur (Dostoïevski) sur ce qui est considéré comme le supérieur, à savoir les « beaux sentiments » : « Quant à l'intérieur de l'habitation, il dégageait, selon le goût de mon père, une impression de sérénité et de joie. Ces coins intimes invitaient à s'asseoir et dans l'un se trouvait un vrai rouet. Sur des étagères et de petites tables de peluche, d'innombrables babioles étaient disposées — bibelots, coquillages, coffrets à miroirs et flacons de senteur » (p. 13).

PUÉRILISATION

Éloge — indirect — des enfantillages reprochés par dona Maria Pia à Félix dont elle aime la jeunesse avec passion et qu'elle espère séduire. Elle nomme « enfantillages » le fait de s'intéresser à sa fille plutôt qu'à elle, ce qui marquerait l'accession du picaro au stade adulte ! Elle prétend que ce qu'elle appelle la « stupidité » de sa conduite est « incommensurable ». Il ne lui resterait, selon elle, qu'à « laisser à des personnes plus mûres » le soin de ses intérêts, de le ramener sur le « droit chemin », loin de « la voie des enfantillages irresponsables » où il a été « assez puéril » pour s'engager. De l'association de la jeunesse à la jeunesse, il ne peut résulter que des « enfantillages ». Maria Pia considère que le « besoin d'amour » de Félix l'a conduit à la folie de choisir, « la voie de la puérilité avec cette lubie de tourner la tête à une enfant », agissant ainsi, non pas en homme, mais en enfant, cherchant « son salut dans la puérilité » (p. 432).

On serait plus près de la vérité si on relevait que, comme Alain-Fournier, le héros des *Confessions* juge que « l'assouvissement amoureux, animal, » est la forme « la plus grossière » de ce qu'en un jour prémonitoire, il a appelé « la grande joie ». L'assouvissement nous énerverait « en nous satisfaisant trop complètement, et nous prive de la faculté d'aimer le monde en le dépouillant de notre amabilité » car « celui-là seul qui désire est aimable, non le repu ». Force lui est de constater que, « malgré sa nature ardente », il est resté longtemps « ignorant et innocent », — « somme toute [sa] vie durant, un enfant et un rêveur » (p. 63).

GEMMES

La dominante de cette structure, dans cette constellation d'images « intimistes », se manifeste sous la forme du merveilleux nocturne. Chatoiement des couleurs des « produits de l'industrie décorative, ces objets faits pour réjouir une vision supérieure et raffinée », « porcelaines, poteries statuettes », des gemmes, « rangs de perles, pâle chatoiement sur des napperons de dentelle », « gemmes taillées où se jouaient les plus admirables couleurs : rubis d'un rouge sang, émeraudes hyalines et d'un vert de gazon, saphirs d'un bleu translucide qui renvoyaient un reflet lumineux en forme d'étoile ; améthystes […], opales nacrées » (pp. 95-96), topazes, pierres de fantaisie, dans toute la gamme des couleurs ; « doux or couleur de miel des pierres translucides et chatoyantes » (p. 153).

MULTICOLORATION

Évocation des feux d'artifice d'antan, inséparables des « ripailles » (p. 69) : « Dans notre jardin, mon père tirait de sa main des feux d'artifice magnifiques » (p. 24). « Le soir tomba sur des aventures en perspective, radieux comme la veille, avec de séduisantes lumières multicolores qui tour à tour s'éteignaient et flamboyaient de plus belle » (p. 187).

PETITE MUSIQUE DE NUIT

Le spectacle ne serait pas complet sans la musique. La musique plonge Félix dans le ravissement : « Oui, sans avoir jamais eu l'occasion de l'étudier, cet art rêveur possède en moi un fanatique, et déjà tout enfant je ne pouvais me détacher du joli kiosque où la troupe en seyant uniforme, dirigé par un petit chef d'orchestre au type tzigane, égrenait ses pots-pourris et ses airs d'opéra » (p. 26). Le picaro perçoit « la noblesse intime du timbre d'une voix humaine » (p. 78).

À CONSOMMER AVEC MODÉRATION

L'appartenance des *Confessions* au régime nocturne ne fait pas de doute et la structure fondamentale est bien la structure intimiste. Or, on l'aura observé, c'est la modération qui caractérise notre picaro hermésien. Lui-même oppose à la « gloutonnerie » de sa mère et de sa sœur sa propre spiritualité (p. 25). En dépit de sa beauté, dont il a une claire conscience, il ne s'adonne pas à la débauche (p. 62-63).

STRUCTURE DISSÉMINATOIRE

C'est encore la figure d'Hermès qui s'impose parce qu'elle unifie *Le Chevalier* en tant que roman du voyage, mettant l'accent sur l'itinéraire, et du cheminement intérieur : « Je me dirigeai facilement (car les indications de Stanko se révélèrent exactes) par la rue Damrémont jusqu'à la ruelle adjacente des Vierges Prudentes et m'y étant engagé je fus en quelques pas au but » (p. 175). La structure que nous venons d'étudier ne saurait, en effet, nous faire oublier l'importance de la structure disséminatoire qui harmonise les contradictions en un tout cohérent : le monde est création perpétuelle. Cette polarité de l'imagination s'inscrit dans le déroulement diachronique[139] d'un récit, latent ou manifeste. Un certain nombre d'images caractéristiques de cette attitude mentale disséminatoire en permet le repérage. La dominante rythmique (*cf.* les leitmotive dans *Les Confessions*) est constamment présente. Manifestation du rythme dans la succession des saisons, les lunaisons inséparables de la féminité et l'alternance nycthémérale : « Ta croupe charmante tendue d'or fleuri, illuminée par la clarté lunaire des grands lampadaires du vestibule de l'Opéra, hésita dans le cadre étroit de la portière, comme si tu étais indécise » (p. 127).

LA ROUE

Cette structure est symbolisée par l'image de la roue ou, si l'on préfère, de la « machine roulante » (p. 127). L'un des leitmotive du roman est bien le chemin, en particulier « le chemin de traverse » (*ibid.*). Cornaqué par son parrain, Félix sait très bien que « les buts mirifiques » auxquels la carrière hôtelière peut conduire soit par le droit chemin, soit par certaines bifurcations lui interdisent « la tentation de se montrer ingrat à son égard » (p. 210). « Je savais déjà que je ne me déciderais point à m'engager dans ce chemin de traverse » (p. 245). Ce sont là « des rêves tout à fait biscornus pour lesquels je ne peux pas me détourner de ma voie et m'engager dans un tel chemin de traverse ». Félix reproche à Eleanor de vouloir l'attirer « hors du droit chemin » quand sa vie est déjà « assez difficile » et qu'il a encore « bien d'autres

[139] Qui n'interdit pas la rétrolecture.

soucis et d'autres peines » que les siennes[140] (p. 248). Mais les heureuses « bifurcations » hantaient son esprit (p. 211) : « Il me suffisait de ne pas confondre la première impasse venue (comme celle qui s'offrait présentement à moi) avec un sûr sentier de traverse menant au bonheur » (p. 211).

JOUR LATÉRAL

Mais il y a traverse et traverse : « L'heureuse bifurcation de la voie que mon parrain m'avait ouverte, en faisant lui-même allusion à de semblables virtualités s'offrait ici, par surprise, et sous une forme si séduisante que la raison trouvait bien fastidieuse la nécessité de m'assurer que je ne me fourvoyais pas dans une impasse. Elle me représenta que j'allais m'engager sur une route périlleuse, une route qu'il faudrait fouler d'un pied sûr » (p. 278).

Des virtualités, parlons-en ! Que reste-t-il du voyage que ses parents voulaient imposer à Venosta : « les deux Amériques, les archipels du Sud et le Japon, ensuite une intéressante traversée jusqu'en Égypte, Constantinople, la Grèce, l'Italie et cœtera » (p. 280) ? Terminus : Lisbonne !

---

140 « Je ferais mieux de ne pas m'engager dans ce sentier, qui dévie de ma route » (p. 249).

HERMÈS

IDÉAL ÉLEVÉ

Selon Félix, le « gueux » (p. 127), la vie n'est pas « le premier des biens auxquels il faille se cramponner à toute force pour sa valeur précieuse ; mais nous devons la considérer comme une tâche pénible et sévère, imposée, et d'ailleurs, me semble-t-il, dans une certaine mesure, choisie par nous-mêmes » (p. 75). Même Rozsa a eu une « importance décisive » pour la formation de Félix. « La sauvage fleur de l'Orient », sans avoir simulé le « savoir vivre mondain » du picaro ni exercé une influence directe, « affinante sur sa mentalité bourgeoise », a enrichi sa nature et « le mot 'affinement' a ici sa place », reconnaît le narrateur (p. 137). Certes, « l'habitude de la richesse » produit aussi « un affinement », mais « superficiel » (p. 253).

Ses « avantages », « un pressentiment qui ne trompe pas » l'assure qu'il aurait pu avoir « une voix grossière, l'œil obtus, les jambes torses, » si son âme avait été moins en éveil (p. 81).

LE SIMULATEUR

Déjà expert en simulation de maladie parce que « taillé dans un bois précieux », le futur picaro pouvait toujours, « sans être malade au sens propre du mot, vivre dans l'intimité de la souffrance et s'assimiler la faculté d'en reproduire les symptômes grâce à une prescience intérieure » (p. 47). Quand la nécessité s'en fait sentir, il se tord de « spasmes », de « convulsions » et se jette dans d' « effroyables contractions de tout le corps » (p. 48) à fendre le cœur des plus endurcis. Le médecin, berné, diagnostique une maladie que Félix n'a pas mimée (p. 52) !

À ces talents de simulateur, Félix joint, comme nous le verrons, un très hermésien don de faussaire. Notons dès à présent que l'intérêt n'est pas le mobile de ses falsifications : « La pensée s'imposa de mettre au service de [son] indépendance intellectuelle une habileté d'abord acquise à la seule fin de [se] divertir » (p. 45). De même, son « service d'amour » (p. 133) est digne de l'érotique des troubadours. C'est ainsi que, selon Félix, le mot prunelle « étoile de l'œil », mot courant, qui se borne à désigner quelque chose de physique, ne lui confère pas « le sens qui s'imposait à lui » : « il faut qu'un élément moral quelconque entre en jeu pour que des prunelles, communes à tout un chacun, deviennent des yeux étoilés » (p. 294).

LE VOYAGEUR SÉDENTAIRE

Dans son interprétation du rôle de Venosta, Félix donne toute la mesure de son talent de comédien. Certes, il s'agit d'une imposture. À la décharge du picaro, on dira que l'idée de la supercherie ne vient pas de lui. Elle a été inspirée par le refus catégorique de Louis de Venosta de se rendre à Buenos-Aires, à la demande de ses parents, en laissant Zaza seule pendant des semaines : « Je dois me dédoubler, me couper en deux ; une part de Venosta doit voyager, tandis que l'autre restera à Paris auprès de sa Zaza ». Félix comprend vite : « En d'autres termes : il faudrait que vous ayez *l'air* de voyager, mais qu'en réalité vous restiez chez vous. […] Il faudrait donc que votre nom voyage, lié à quelqu'un qui ne serait pas vous » (p. 275).

FAUSSAIRE

Dans la présente entreprise de mystification des parents de Venosta, les talents de faussaire de Félix, révélés dès l'enfance, feront merveille : « Une longue habitude, exercée par jeu », éprouve-t-il le besoin de préciser, « d'imiter l'écriture de mon père me fut d'un puissant secours en l'occurrence ». Le faussaire se justifie : un père n'est-il pas « toujours le modèle le plus immédiat pour un jeune garçon en train de se former, qui aspire vers le monde des grandes personnes » (p. 44), c'est-à-dire celui des faussaires, qu'elles sont, elles aussi ? La pensée s'est imposée au fils de son père de mettre au service de ce qu'il appelle, sérieux ou plaisant, son « indépendance intellectuelle », une « habileté d'abord acquise à seule fin », nous l'avons vu, de se « divertir » (p. 45).

BELLE ÉCRITURE !

« Cela m'intéresserait de voir votre signature », dit-il à Venosta (p. 281). Loulou appose sa signature sur la lettre de change : « À l'intérieur du livret figurait, à titre d'indentification, un spécimen graphique de l'ayant-droit, et Loulou y avait déjà apposé sa signature, de son écriture que déjà j'imitais si couramment » (p. 288).

SELF MADE MAN

Si Félix, atteint du « mal scolaire » (p. 51), éprouve une « répugnance » à l'encontre de l'école en tant qu' « institution rébarbative », c'est que l'on n'y respecte pas « la liberté de l'esprit et de l'imagination » qui est la seule « condition nécessaire à sa vie » (p. 43). Or, la mauvaise réputation de sa famille, sa débâcle finale et son « total effondrement » avaient « empli » ses professeurs « de haine et de mépris » (p. 68).

LE DROIT À LA PARESSE

D'ailleurs, la culture ne s'obtient pas par « un labeur obtus et intensif ». Elle est « le produit de la liberté et de l'oisiveté extérieure ; on ne l'acquiert pas, on la respire. Des éléments cachés sont à l'œuvre. Une secrète application des sens et de l'esprit est fort conciliable avec une flânerie[141] presque totale en apparence, sollicite journellement les richesses de cette culture » (p. 92).

PLAISIR & ÉTUDE

À Francfort, c'est d'un « pas nonchalant » que Félix gagne le centre de la ville pour entreprendre dans les rues pleines de monde, « des expéditions de plaisir et d'études » ; il retourne ensuite au foyer maternel, « souvent à la pâle clarté de l'aube, et généralement avec un grand profit » (p. 93).

CE QUI EST BEAU EST BIEN, AIR CONNU

L'insistance de Félix sur sa beauté physique (n'est-il pas devenu, tenant les promesses de sa « frêle enfance », p. 79, de l'enfant « bien portant, parfaitement constitué », p. 14, le plus agréable des « adolescents en fleur » ? p. 79) ne doit pas être seulement considérée comme une manifestation de narcissisme. Des dons naturels (« atavisme », p. 80), certes, mais l'étude, chez Félix, a ajouté à la nature (« Notre physique est façonné par notre

---

[141] « La pension Loreley commença à prospérer. [...] [M]on concours n'était plus nécessaire, et livré à moi-même, avant de pouvoir partir pour Paris ou de revêtir la tunique bicolore, j'avais en perspective une longue période d'attente et d'oisiveté, si agréable pour parachever le développement intime d'un jeune homme au sortir de l'adolescence » (p. 92).

moral », p. 81). L'éloge du physique participe d'une conception de l'éthique fondée sur l'assimilation du beau au bon.

OBLIGATIONS

La beauté impose des devoirs : l'Athénienne qui ne cesse de donner à Félix des « tapes avec son éventail, tout en pointant le bout de sa langue entre ses lèvres, avec des clins d'œil, » et fait au jeune homme « les avances les plus provocantes », se montre « fort oublieuse de la sévère dignité que la conscience de sa beauté classique eût dû, par une loi naturelle, semblait-il, imposer à une femme » (p. 398).

L'EXCEPTION

Lorsque, parangon de beauté, il servait, « Tête à Costumes » (p. 84), de modèle travesti à son parrain, il éprouvait , après ces « mascarades », quand il quittait — avec « dégoût » — son déguisement pour reprendre son vêtement « de tous les jours », un « abattement particulier », une « infinie mélancolie », un « dégrisement » et un « ennui » qu'il allait soigner dans les bras, « véritable refuge », de Genovefa qui, par « son apparence et son maintien », tenait le milieu « entre la servante et la demoiselle » (p. 61). Le choix de la femme consolatrice (avec laquelle il a l'impression d'une « intimité totale ») est significatif : il ne s'agit pas, pour Félix, de rejoindre n'importe quelle femme rencontrée par hasard : « On me ferait tort en concluant qu'à cause de ce don naturel, particulier, je sois devenu un homme à femmes » (p. 62). Il est en quête d'authenticité.

Sa beauté, qu'il ne prostitue pas, il la met au service de l'art et *fait corps* avec le personnage que son parrain lui demande d'être l'incarnation éphémère. « Mon corps qu'une main d'artiste avait naguère fixé sur la toile en un symbolisme de légende, s'empêtrait à présent dans des vêtements laids, élimés » (p. 79).

Le « modèle » s'identifie tellement à son modèle qu'en quittant son costume, « de scène », pourrait-on dire, il a l'impression d'être arraché à lui-même. C'est dire qu'il ne s'agit pas, pour lui, à travers le travestissement, de privilégier le paraître au détriment de l'être.

DUCTILITÉ

« Car il faut être ductile pour pouvoir être formé », mais « nul n'acquiert » ce qu'il ne possède pas de naissance, et l'on ne saurait convoiter ce qui vous est étranger. « Qui est fait d'un bois médiocre ne s'affinera jamais ; qui s'affine ne fut jamais grossier » (p. 92).

Une bonne part du charme du picaro réside dans sa réceptivité (qualité que Félix, « enfant né sous le signe de la chance et du bonheur », n'est pas le dernier à reconnaître qu'il la possède) : « Un œil exercé aux pompes religieuses, aux couleurs et aux formes qui traduisent la splendeur des espaces célestes, ne serait-il pas réceptif entre tous à la grâce mystérieusement privilégiée d'une physionomie créée par la nature ? » (p. 78).

EXPÉRIENCES

Félix se dépeint « en imagination » les « charmes bigarrés » de son année de voyage, « la somme de visions, de rencontres, d'expériences, de jouissances qu'elle comporterait indubitablement pourvu qu'on soit réceptif » (p. 273).

À BONNE ÉCOLE

Heureux celui que, « au berceau une fée a, bien au-delà de « la commune mesure, doté d'une réceptivité toujours vibrante, jusque dans les circonstances les plus banales » (p. 322). Et que dire lorsque le roi lui-même se dit « charmé » de la « réceptivité » du pseudo-marquis (p. 377). L'homme formé « à bonne école » (!) « glisse doucement sur tout, accepte les événements sans poser de question » (p. 263). Il sait que son destin est « dans sa main » (p. 107).

DISPONIBILITÉ

Madame Houflé applique à Félix une « épithète lyrique » : « Audacieux varlet ! » Il le blessait un peu, ce mot, et pourtant le comblait de fierté : « pour l'audace, je n’en avais aucunement ressenti, elle me l'avait imposée et dictée. Quoi qu'il en fût, à présent, j'en avais à revendre » (p. 194).

CURIOSITÉ

Le jeune homme, mal vêtu, seul et sans amis, perdu dans la foule, traverse, à Francfort, « ce monde étrange, bigarré ». L'argent lui manque pour « participer aux joies de la civilisation au sens propre du mot », joies qu'il voit célébrées sur les colonnes d'affiches « avec une insistance propre à susciter le désir et la curiosité des êtres les plus apathiques, » alors qu'il est, lui, tout particulièrement réceptif, mais doit se contenter de voir, « effaré », « ébloui », « les portes des théâtres grandes ouvertes sans pouvoir se joindre au flot des spectateurs » (p. 93).

HERMÈS « PSYCHAGOGUE »

La figure mythique d'Hermès (p. 310) est manifeste lors de l'épisode au cours duquel Diane Philibert est amenée à nommer Hermès « son » Félix[142], le « vrai *type*[143] de beauté juvénile » (p. 392) : « Sais-tu qui est Hermès ?... » Mme Houpflé s'étonne : « Diane Philibert connaît l'amour avec un garçon qui n'a jamais entendu parler d'Hermès ! » (p. 200). Et, quand elle apprend, de la bouche même de Félix, qu'il est son voleur : « Ah, combien le voleur[144] m'est plus précieux que les objets volés ! Hermès ! Il ne sait pas qui c'est et pourtant il l'incarne ! Hermès ! Hermès ! Armand ? » (p. 204). « Je vais te dire, doux nigaud, qui est Hermès. C'est l'agile dieu des voleurs... »[145] (p. 200). Fort de cette révélation, Félix pourra se tirer d'affaire avec « Hermès », sera armé pour « se désister » de sa personne : « Personne n'en demande davantage à un gentilhomme » (p. 277), affirme Venosta, qui ne sera pas démenti par les faits : « Comment en venez-vous à parler d'Hermès ? — Excusez-moi, mais à l'époque de mes études, au Château, on accordait toujours beaucoup d'importance à la mythologie. Une marotte personnelle de mon précepteur... — Oh, Hermès, reprit-il. Une divinité élégante » (p. 304). Il devait être « très

---

142 Diane est pressée de dénuder « le dieu » pour le contempler (p. 197). « Je ne parle pas des célèbres jambes d'Hermès » (p. 305). Ah! « les jambes d'Hermès » (p. 199) et les « chaussures ailées » de Félix ! (p. 384) !

143 Souligné par nous.

144 « [C]omme le tiroir de la commode de Diane avait également offert au dieu-voleur une somme d'argent liquide, quatre billets de mille serrés parmi son linge, [...] j'étais à la tête de 12.350 francs » (p. 210).

145 Diane offre une somme d'argent liquide à Félix qui est désigné par le nom composé de « dieu-voleur » (p. 210).

ingénieux » avec « l'harmonie de ses proportions conformes au canon grec » (p. 305).

Hermès-Mercure, plus qu'Adonis[146] (p. 373), est aussi la figure latente qui donne au *Chevalier d'industrie* son visage.

MAÎTRE-JURÉ FILOU

Il faut écouter Félix se mettre en scène lors de la scène du conseil de révision. Fourbe consommé, il flatte avec habileté le médecin-major qui se croit plus malin que celui qu'il prend pour un futur conscrit. Flatteur, il donne au butor, du « Commandant de lazaret » (p. 117), du « médecin de bataillon » (p. 118), du « médecin général » (p. 112) au « simple major de première classe » (p 111). Ici, comme ailleurs, il ne faut pas se méprendre sur les intentions de notre hypocrite fieffé : il vivra « *en* soldat, mais point soldat » (p. 124). La tunique militaire l'aurait vêtu « de façon admirable », mais, ce qui compte c'est que « la rigueur guerrière », la maîtrise de soi et le danger ont été « les signes distinctifs » de son étrange existence, condition fondamentale de la liberté « peu conciliable avec un embrigadement » (p. 1234).

Illusionniste, cet excellent imitateur fait croire qu'il possède les langues étrangères qu'il s'est contenté de « humer » (p. 168).

IMMERGENCE

Émergence indirecte qui, chez Apollinaire, a obligé Pierre Brunel à « plus de subtilité » (c'est lui qui le dit !) et à forger le néologisme d'*immergence* pour

---

146 Ou Isis, figure latente (p. 201).

exprimer comment, dans *Alcools* , « on peut baigner dans le mythe sans qu'il prenne un nom ou un visage »[147].

NOVEL ET *ROMANCE*

À ne pas tenir compte du réinvestissement mythique que constitue le roman on court risque de « passer à côté » et de prendre pour argent comptant ce qu'exprime Thomas Mann quand il se contente de nous dire, sans nuancer, qu'il a écrit « son » roman « picaresque ».

Il est vrai qu'il y a roman et roman. Gérard Genette[148] constate, pour la déplorer, l'absence, en français, de la distinction qu'établit l'anglais entre *romance* et *novel* , absence qui est fort dommageable pour l'histoire des genres. L'origine de ce que l'anglais appelle *romance* se perd dans la nuit des temps de la littérature occidentale. Pour contourner l'obstacle, le critique propose pour désigner « l'objet », faute de mieux, une périphrase apparemment pléonastique comme *roman romanesque*, qu'il distingue ainsi du roman réaliste (*novel*), *Don Quichotte* étant considéré comme l'une des premières prises en compte d'une réalité prosaïque, un texte qui s'en prend, par le récit d'une imitation délirante, aux *coglionerie*[149].

Le genre roman comprend donc l'espèce des romans « réalistes » modernes et celle des romans

---

[147] « Littérature comparée : les théories de l'imaginaire et l'exégèse des mythes littéraires », *in Introduction aux méthodologies de l'imaginaire*, Sous la direction de Joël Thomas, Ellipses, 1998, p. 233-234.

[148] *Figures V*, Seuil, 2002.

[149] « Comme disait à l'Arioste son aristocratique protecteur » (*op. cit.*, p. 111).

« romanesques » antérieurs (*Tristan et Iseut*[150]) ou ultérieurs comme *La Chartreuse de Parme, Le Grand Meaulnes*...

Le Chevalier est à la fois picaresque et, en raison de la prégnance des figures mythiques, un roman *romanesque* hermésien.

LE ROMAN PICARESQUE DE THOMAS MANN

À n'en pas douter, *Le Chevalier d'industrie* est, au départ, un roman de « gueux », de « déchet[s] de l'ordre établi » (p. 144), de « déchets d'humanité » (p. 185). C'est écrit dessus ! Abandonnant ses « trompeurs vêtements de gueux », Félix posait nu, sous sa « forme libre et personnelle », « affranchi des conditions fortuites » de la vie (p. 109). Garçon d'hôtel, son « aspect de gueux » et « l'absence de tout ce qui fait le cavalier » lui ôtent toute valeur (p. 127). L'apparition d'un nouvel employé, point encore revêtu de sa livrée, « le fait qu'il fût visible au public en tant qu'être humain, [...] jetait [le directeur] au comble de l'embarras » : il juge « inconvenant » le goût de Félix pour la « poésie » (p. 170) et lui indique que c'est « l'entrée latérale » qui est affectée aux « portefaix » (p. 146). Félix rejoint « *le dortoir des employés* numéro quatre à l'étage d'en haut » en utilisant « l'*élévateur de bagages* » (p. 150).

Mais, par un renversement des valeurs, auquel on reconnaît la structure dite « intimiste » de l'imaginaire, le « gueux » devient le maître de Diane qui demande à être traitée en « esclave » (p. 202) : « Si tu me battais ? Je veux dire me brutalisais, moi, Diane Philibert ! Ce serait bien fait pour moi, je t'en rendrais grâce ! Tiens, tes bretelles

---

[150] Allusion à « l'amour » (p. 358) et au « philtre magique » (p. 358 et 362).

sont là, prends-les, chéri, retourne-moi et fustige-moi au sang ! » (p. 202).

BONHEUR TERRESTRE

À l'inversion des valeurs diurnes, s'ajoute le plaisir des sens. Hermès n'est-il pas le protecteur de Dionysos ? L'image des nourritures terrestres a partie liée avec les figures mythiques significatives. L'abondance devant laquelle se trouve Félix appelle la comparaison avec la « Terre Promise » confondue avec le « pays de Cocagne » (p. 56). Profusion : « lieu d'abondance », bourré jusqu'à la gueule de « choses appétissantes », superposition de gâteaux, sollicitant la gourmandise, victuailles « en rangs serrés », « entassées », « de toutes les couleurs et de toutes les formes" (totalisation), amoncellement, empilement de boîtes (p. 55).

Contamination du roman picaresque par « le conte de fées »[151] (p. 56) ! « Oui, c'était un conte ou un rêve ! » (*ibid.*). Sa « seyante livrée » procure à Félix « le plus vif amusement », lui donne « la joyeuse sensation de vivre l'enchantement d'un conte de fées » (p. 211). Quant aux jeux du cirque, ils renouent avec le culte de Mithra : le taureau, « monstre infernal et cornu » fait revivre le Minotaure (p. 426).

ARTISTES

Les artistes-interprètes sont admirables et admirés. Ils méritent de porter ces noms prestigieux de héros. « Kobolds hybrides », ils n'appartiennent peut-être pas à la vie, mais Andromaque au charme androgyne

[151] *Cf.* p. 93,153, 273. — Zaza joue dans « Le Don de la Fée » (p. 268). — Le *Faust* de Gounod est mentionné, p. 262.

(hermaphrodite ? « jeune homme déguisé » ?), « la Fille de l'Air », est bien hermésienne avec ses « ailerons[152] de plumage blanc » (p. 217).

L'habit fait le moine — Félix se reprend : « le moine fait l'habit » (p. 265) —, le picaro, on l'a vu, attache un grand prix au costume : « Vous êtes né dans l'aisance, je suppose, dit Venosta, posant en principe ce qui lui semble l'évidence même ». Il en infère que le jeune homme « de famille » (p. 264) est « en mesure de conserver, à côté de [sa] propre garde-robe professionnelle, une autre, celle du gentleman, et le fait qu'[il] produis[e] une impression si convaincante dans chacune de ces tenues, voilà qui est intéressant » (p. 265). Belle occasion de souligner que, « en troquant costumes et livrées, la plupart des serveurs eussent pu tout aussi bien être les maîtres » (p. 253) (*cf.* l'épisode Diane Philibert).

Ce n'est pas que le picaro préfère le paraître à l'être, mais parce que, costumé[153] et servi par son physique[154], il devient un *autre* homme avec qui il se confond au point de s'identifier[155], par exemple, à

---

[152] Les ailes, qui rappellent l'oiseau, sont le symbole de transcendance spirituelle. Voir illustration : bronze italien du XVIe siècle (C.-G. Jung, *L'Homme et ses symboles*, Robert Laffont, 1964, p. 155).

[153] Dans les bagages de Félix figurent « six magnifiques chemises au plastron empesé que mon parrain m'avait données comme cadeau d'adieu et qui devaient me rendre de grands services à Paris » (p. 87).

[154] « Mon parrain Schimmelpreester aimait m'affubler des costumes les plus divers et me complimentait toujours sur mon aisance à porter chacun d'eux » (p. 172). — *Cf.* « l'habit de soirée » (p. 258).

[155] Séduit par le charme de Zouzou, il trouve « à la jeune personne » ou veut lui trouver des ressemblances avec Zaza, l'amie de Venosta : « Se peut-il que dans mon identité nouvelle se soit intégré un amour pour Zaza et que m'étant épris d'elle rétrospectivement j'ai souhaité rencontrer une Zaza à l'étranger ? » (p. 325). Pourtant, « le petit nez [de Zouzou], lui, ne correspondait pas du tout, il n'était pas retroussé comme chez Zaza mais à fine arête, bien que les ailes n'en fussent pas

Venosta : le changement de patronyme[156], s'ajoutant au déguisement, séduit notre Protée[157] (p. 65). Menant « une vie double », il est travesti « dans tous les cas », dit-il : le charme de sa vie consiste dans le fait qu' « on pouvait se demander quelle était [sa] forme réelle, et quel [son) déguisement ? » (p. 260). La réalité de son moi authentique n'est pas discernable. « Nous ne sommes qu'une seule et même personne. Nous nous appelons Armand de Kroullosta » (p. 285).

Venosta trouve Félix « manifestement beaucoup plus homme du monde » que lui et, l'ayant jugé sur la mine, décrète qu'il est de « bonne famille », ce qu'il a toujours « soupçonné ». Ce n'est pas, en effet, « la première fois qu'il le constate ». L'emploi « subalterne » occupé par Krull ne serait qu'une *couverture* : pas de doute, on se trouve en présence d'un « gentleman[158] déguisé », d'un imposteur. Il s'agissait de donner le

---

très minces » (p. 326). « Zouzou était ou allait être la Zaza du voyageur Loulou Venosta », alias Félix Krull (p. 351). Le faux Venosta va *com*merc*er* » (ô Merc-ure !) avec Zouzou et sa mère (p. 393).

[156] Le « directeur de l'hôtel », comme l'appelle Félix, montre son mépris à l'égard de son futur domestique en écorchant son nom : « Nous allons vous prendre à l'essai, Knoll... — Krull », tente de rectifier le subalterne employé. Le directeur lui intime l'ordre de ne pas le corriger : « Pour ce que je m'en soucie, vous pourriez tout aussi bien vous appeler Knall ». Il le dépossède même de son prénom : « On vous appellera Armand » (p. 170).

[157] « Armand n'est qu'un *nom de guerre* ou *d'affaires*. En réalité je m'appelle Félix — Félix Kroull – enchanté de vous voir » (p. 263).

[158] Remarque de Venosta : « C'est très gentil aux Anglais d'avoir répandu le mot gentleman sur toute la terre. On dispose ainsi d'une désignation pour celui qui, sans être, il est vrai, un aristocrate, mériterait de l'être, le mériterait plus que maint autre qui l'est » (p. 264).

change[159] et d'« induire en erreur » un regard sans pénétration (p. 264).

CONJONCTION DES CONTRAIRES

Le patronyme-valise de Kroullosta désigne un hybride imaginaire par lequel la prégnance d'Hermès est indubitable.

La « quête amoureuse » de Félix est celle de la « double image » (p. 399). Les « rêves d'amour », les « rêves de ravissement et d'efforts vers une union » — de Félix — ne s'adressent point à « une silhouette unique », mais à un « être double », à « un couple fraternel[160] entrevu fugitivement » : la beauté consistait dans « le double, dans une charmante dualité »[161]. Le jeune homme seul ou la jeune fille isolée, « sans sa réplique fraternelle », n'aurait été « capable de bercer l'esprit » de Félix de « rêves si doux » (p. 98). Rappel : « Le jeune batteur de pavé solitaire » avait emmagasiné « la vision d'un couple fraternel riche et charmant, apparu quelques minutes sur un balcon de l'hôtel. [...] Mon ravissement n'aurait pu être suscité par l'une des deux figures, isolée — ni lui ni elle — j'avais été ensorcelé par leur dualité, leur suave fraternité » (p. 324). Mais la plus charmante[162] image double[163] « qui soit sur cette planète » est celle de la mère et la fille (p. 404) : « Là aussi, il y a quelque chose d'émouvant » (p. 348).

---

[159] Et Krull *se changera* en Venosta.

[160] Le spectacle qu'offrent un cousin et une cousine produit le même effet (p. 385).

[161] Félix constate que « « la dualité » de son existence occupe l'esprit de Venosta et qu'il a « fort à cœur de la mieux comprendre » (p. 263).

[162] Le caractère unique de la vision est rendue par le superlatif de supériorité.

[163] *Cf*. la « double Image » (pp. 416 et 427).

La *coincidentia oppositorum* à laquelle il a déjà été fait allusion apparaît déjà chez Félix, « petit démon et petit ange » pour les « dames et messieurs de l'aristocratie » qui se pressent autour de lui (p. 28), « ange de l'amour, monstre de volupté », « jeune démon, frais enfant », pour Diane (p. 197).

« LIS DE MER »

L'accent est mis sur le voyage. Et la belle image du « lis de mer » se trouve à la jointure entre roman picaresque et roman « hermésien ».

Un voyageur rencontré dans le train à destination de Lisbonne dit à Félix qu'il lui rappelle « un lis de mer ». Surprise : le « lis de mer » n'est pas connu de tous (p. 392). Le monsieur « à la barbiche grisonnante » le rassure : le lis de mer n'est pas une fleur : « [C]' est une variété animale fixée aux profondeurs des mers, de l'ordre des échinodermes et formant sans doute leur groupe le plus ancien. […] Ces animaux, attachés à l'endroit où ils se trouvent, inclinent vers la forme florale, c'est-à-dire le cycle symétrique, à la semblance d'une fleur ». Le « crinoïde » d'aujourd'hui, descendant du lis de mer primitif, « reste attaché au fond ». Puis, « il se libère, s'émancipe et vagabonde » (p. 298). La forte ressemblance entre et le lis de mer et le picaro, « novice dans l'art de se mouvoir » (p. 366), donne matière à rêver à Félix : « Je grimpais à quatre pattes le long d'une falaise abrupte et fangeuse, traînant derrière moi une longue tige, un genre de liane, avec au cœur l'inquiète incertitude de savoir si j'étais animal ou plante, — doute au surplus flatteur, car il se rattachait au 'lis de mer'. » (p. 315-316). Ce « lis de mer » est l'un des leitmotive du roman et rejoint celui de l' « audacieux varlet », expression désignant, elle aussi, le picaro.

L'OMBRE DE DIONYSOS

Cette ombre plane sur l'ensemble du roman étant donné que le récit s'origine dans les spéculations viticoles de la famille Krull. L'image de la Lorelei, promue bacchante, figure sur les étiquettes des bouteilles de champagne de la « maison Engelbert Krull », fabricant de la marque « *Lorley extra cuvée* » : « Les cols des bouteilles s'enrobaient d'abondant papier d'argent et sur leurs panses s'étalait une étiquette dorée à fioritures. [...] On y voyait divers blasons et étoiles, la signature de mon père et la marque 'Lorley extra cuvée' en lettres d'or ; et en outre une forme féminine, qui pour tout vêtement avait des bracelets et des colliers. Assise, les jambes croisées, à la pointe d'un rocher, elle levait le bras pour peigner sa chevelure ondoyante » (p. 12). La Loreley suivra les Krull à Francfort : sur « une plaque métallique rectangulaire percée de quatre trous », tracée « par la main même de l'artiste », se prélassait la silhouette féminine vêtue de ses seuls joyaux et empruntée aux étiquettes de nos bouteilles. « Elle s'étala à côté de l'inscription 'Pension Loreley' en couleur d'or, peinte à l'huile, fixée au coin de la partie de l'immeuble donnant sur la rue, en sorte que la fée des rochers pointait sa main tendue, chargée de bagues, vers l'entrée de la cour et vers notre établissement, ce qui se révéla du plus heureux effet » (p. 91).

BACCHANTES

Enfant, Félix vagabondait « sous les voûtes fraîches » des chais qui se trouvaient au bord du Rhin, « non loin de l'embarcadère ». Il empruntait les couloirs de pierre et regardait « la légion de bouteilles entassées » (p. 11), passant en revue les belles allongées : « Vous voilà, me disais-je (encore qu'incapable de formuler mes pensées en paroles aussi pertinentes), vous voilà couchées dans la pénombre souterraine, et au dedans de vous se prépare en silence le suc doré, pétillant, qui accélérera les battements de tant de cœurs et avivera l'éclat de tant de prunelles ! Vous êtes encore nues et insignifiantes, mais un jour vous monterez vers un monde supérieur » avec un bruit d' « explosion joyeuse » : « Vous répandez parmi les hommes l'ivresse, l'insouciance et le plaisir » (p. 22). Érotisation des bouteilles !

BACCHANALES

En effet, « en particulier au temps du carnaval[164] et des vendages, il y avait grande liesse et bombance » chez Engelbert pour une orgie bachique. Le *Lorley extra cuvée* «coulait à flots mais nombre de bons crus figuraient également à table, par exemple le *Bernkastler Doktor* dont le bouquet m'agréait fort ». Excellente initiation qui permettra à Félix de connaître et de commander « d'autres marques célèbres , tels le *Grand vin Château Margaux* et le *Grand Crû Château-Mouton Rothschild* — deux boissons élégantes » (p. 24).

Après le repas, envoyé au lit, Félix ne peut pas dormir à cause de la musique et le vacarme de la bacchanale. « Drapé dans sa couverture de laine rouge », il revenait, dans ce « seyant déguisement », à la grande joie des dames de l'assistance. Les danses étaient « licencieuses et lascives, les jeux de gages offraient

[164] Le parrain de Félix avait jadis fréquenté la meilleure société et « tenu pendant le carnaval un rôle éminent comme organisateur de fêtes, mais à la suite de circonstances ou d'événements qui ne furent jamais éclaircis, il avait été forcé de s'en aller et s'était retiré dans notre petite ville » (p. 29).

prétexte à des baisers et autres contacts physiques »[165]. Le « clou de la soirée » consistait dans « la soudaine extinction du gaz, provoquée par espièglerie, et qui chaque fois déchaînait un tohu-bohu indescriptible » (p. 25).

Venosta confirmera les bienfaits de Bacchus : les soucis, les tourments, les peines de cœur, on s'en console grâce à « la dive bouteille » et « l'on apprend à apprécier Bacchus » (p. 266).

---

[165] Les coulisses du théâtre sont un décor pour de bien curieuses scènes : une petite personne en livrée rouge, au charme androgyne, « qui dans la pièce avait tenu le rôle d'un garçon d'ascenseur, l'épaule appuyée contre le mur, semblait perdue dans je ne sais quelles pensées. Mon pauvre père lui pinça ses parties charnues » (p. 38). Dans sa loge, l'acteur Müller accueille Félix et son père et s'adresse à ce dernier : « Ah, c'est toi, vieux fêtard ? Entre, on va rigoler ! Je suis nu, poursuivit-il quand nous fûmes sur le seuil, mais je pense que cela ne vous choque pas ! » (p. 39).

PRÉSENCE DU NARRATEUR

La première tranche des *Confessions* fut commencée en 1910 : « J'amasse, je note, j'étudie à présent en vue d'un ouvrage » très bizarre, depuis longtemps médité *Les Confessions du chevalier d'industrie* (11 janvier 1910). Thomas Mann s'interrompit durant l'été 1911 pour écrire *La Mort à Venise.* Ses expériences à Davos lui inspirèrent *La Montagne magique*, œuvre qui à son tour journée au profit des *Considérations d'un apolitique*[166] et parut en 1924. En 1914 (le 3 janvier), l'écrivain met encore à son « *programme* » un « fragment » de son « roman inédit » (*Les Confessions*). À l'origine, elle comprenait déjà la scène du conseil de révision[167] où Félix parvient à se faire réformer définitivement, scène pleine de charme et de profondeur, inaptitude au service militaire qui ouvre au simulateur la voie de l'escroquerie et de la tromperie. Cet « extrait » prenait fin avec l'épisode de Rozsa. Édité[168] en 1923 et en 1937, ce *Krull*-croupion (Livre I et environ 60 pages du Livre II) correspondant aux pages 7-137 de l'édition de

---

[166] « Le cours des événements m'a imposé certains devoirs d'ordre purement spirituel, qui m'obligeaient à mettre au rancart les créations artistiques comme *La Montagne magique* ou le *Chevalier d''industrie* » (6 novembre 1917).

[167] « La vie militaire : le souvenir que j'en garde est très vague et nébuleux ; [...] une atmosphère qui ne se laisse pas communiquer comme matériau, mais que je pourrai transposer dans l'épisode de la maison d'arrêt de mon *Chevalier d'Industrie.* [...] Je me suis retranché derrière le médecin qui soignait alors maman, le conseiller aulique May, que j'ai utilisé dans le *Chevalier d'industrie* sous les traits du conseiller sanitaire Düsing, un âne arriviste avec qui mon major de première classe était lié » (27 avril 1912).

[168] « Avec quelle indifférence morne le fragment a été autrefois accueilli en Allemagne » (*Journal*, 21 janvier 1938).

référence. On observe déjà, dans ce début de mouture, une concomitance entre l'action et la conscience de soi.

En 1918 (13 septembre), l'écrivain annonce son intention de se remettre à *La Montagne magique* qu'il lui faut terminer avant le *Chevalier d'industrie*.

En 1943 (7 octobre), il écrit que Félix Krull est un peu « resté en plan », car « il s'est amplifié et a pris, à travers Joseph, des proportions mythiques. Néanmoins je peux vous [à Dieter Cunz] dire qu'après avoir achevé *Le Nourricier*, j'étais sur le point de reprendre Krull ». Quatre ans plus tard (9 octobre 1947), Th. Mann entend « développer le fragment » des *Confessions* en « un roman moderne, picaresque qui se déroulerait au temps des équipages. De plus en plus le comique, le rire, l'humour m'apparaissent comme salutaires à l'âme », après les « horreurs » du *Faustus*, ajoute-t-il.

Th. Mann avait conservé le fragment et, en 1951, il renoua le fil, à la page et à la ligne même où il l'avait abandonné en 1911. On trouve un écho de cette interruption quand Félix déclare : « Je reprends le fil de mon récit à l'endroit précis où je l'ai laissé » (p. 75).

PARADOXE

S'il est un roman mannien où l'humour réjouit le lecteur, c'est bien *Le Chevalier*. Et, d'abord, remarquons le caractère paradoxal de l'entreprise de l'écrivain Félix : « Le bonheur ne saurait se trouver qu'aux deux pôles des relations humaines, — là où les mots n'existent pas encore et là où ils n'existent plus — dans le regard et dans l'étreinte » où le picaro situe « l'inconditionnel, la liberté, le mystère et l'élan irrépressible ». Tout ce qui se place dans l'intervalle est déterminé, conditionné et limité par la tradition bourgeoise. Le mot, « cet intermédiaire terne et froid » est maître dans les rapports sociaux, étranger à

« l'ardente et muette sphère de la nature » où chaque vocable est en quelque sorte déjà « une phrase par soi et en soi » (p. 101).

MISE EN MOTS

Et pourtant Félix entreprend de « mettre en mots », de « modeler » le récit de sa vie et applique tout le soin imaginable à lui donner une expression littéraire. Son élément n'est pas la « communication verbale ». Son « véritable intérêt » se détourne d'elle. Il s'attache « aux régions les plus extrêmes, silencieuses, des rapports humains » et, d'abord, « à celles où l'étrangeté et l'absence de toute relation bourgeoise maintiennent encore un état primitif et où les regards se marient, irresponsables, dans une rêveuse impudicité ; et puis l'autre sphère, celle où l'union, l'intimité et la fusion poussées à leur paroxysme, rétablissent de la façon la plus parfaite cet état primitif, muet » (*ibid.*).

ESPRIT

Les parents Venosta donnent sans doute la clé de cette paradoxale création littéraire qui devrait conduire, logiquement, son auteur au silence... Ils écrivent à celui qu'ils croient être leur fils : « Ton style a incontestablement gagné, il est plus soigné, et poli avec agrément ». S'ils se contentent d'imputer le changement à « l'atmosphère parisienne » qu'il a « si longtemps respirée », ils ne se trompent pas en évoquant l'*esprit* qui caractérise l'écriture de l'épistolier, « goût » de « la belle forme séduisante » qui ne se limite pas aux « manières » (p. 390-391).

HUMOUR

Il faut en passer par l'humour si l'on veut échapper au « sérieux » du bourgeois. Comment oublier l'illustration de l'intimité qui régnait entre la mère et la fille Krull, la plus âgée mesurant avec un mètre à ruban « le tour de cuisse de la plus jeune » (p. 23). Comme au tennis, Félix, qui ne sait pas jouer, « se joue du jeu », comme un enfant (p. 36).

PHRASE AUTONOME

C'est ainsi que le narrateur a recours à la phrase autonome, faisant mine de s'absenter de son récit : « Des poulardes laissaient pendre leurs cous déplumés » ; « des rôtis [...] s'amoncelaient » ; « de grandes cloches de verre se bombaient » (p. 55) ; « la perspective d'une soirée délicieuse [...] me souriait » (p. 262) ; « un large fauteuil ouvrait ses bras capitonnés » (p. 319) ; « des collines [...] qu'escaladent les maisons blanches » (p. 321).

ACHRONIES

Pied de nez au roman « sérieux » : le narrateur en prend à son aise avec la chronologie et s'en vante ou se promet de s'amender quitte à bousculer, de nouveau, la chronologie, à la première occasion — et il ne se prive pas pour la faire naître ! « Il convient de noter ici qu'en décrivant ma jeunesse, je ne respecte pas scrupuleusement l'ordre chronologique » (p. 33). Évoluant, à cette époque, à son gré, le récit s'en ressent : il évolue, lui aussi, au gré du narrateur.

Anticipations, rappels, rappels d'anticipations sont destinés à faire la nique au roman traditionnel. Le narrateur fait confiance à son lecteur. Il sait que ce dernier a hâte de connaître la suite et s'impatiente lorsqu'il doit lire des digressions : « Le lecteur sera bientôt dédommagé de sa frustration momentanée » (p. 103).

La proposition en incise de Zouzou : « vous le savez bien » (p. 400) invite à pratiquer la rétro-lecture.

TRIADES

Jouant « au chat et à la souris » avec son lecteur, Félix écrivain n'en reste pas moins fidèle à sa ligne de conduite : contester le roman traditionnel. Là où le romancier conformiste se lancerait dans de longues énumérations, Félix recourt au rythme ternaire qui permet de les raccourcir : « Tout était dilaté, les yeux, les narines, la bouche » (p. 37) ; « Si j'étais pris de convulsions, comme la dureté et l'indifférence du monde se changeraient vite en sollicitude, en terreur et en remords tardifs ! » (p. 49) ; « Quant à moi, mes efforts tendirent toujours vers ce qui est grand, complet et vaste » (p.63) ; « Quelle joie, quel stimulant, quel revigorement, de se présenter sous un autre nom et de s'entendre appeler ainsi ! » (p. 65) ; « Vous êtes habituée à voir des gens chez vous, à les restaurer, à les divertir » (p. 83) ; « Je dévorais des yeux tout ce qui était bon, coûteux et seigneurial » (p. 94) ; « l'union, l'intimité et la fusion poussés à leur paroxysme, rétablissent [...] cet état primitif » (p. 101) ; « entretenir, éveiller et satisfaire » une aspiration (p. 130) ; « si beau, si jeune, si audacieux !... » (p. 196) ; « elle se mit à manier la fermeture de mon col, le dégrafa et le déboutonna avec une incroyable célérité » (p. 197) ; « envie, convoitise, rébellion » (p. 379). Des éléments de la triade peuvent présenter des expansions qui introduisent de la variété : « Une choriste rousse [...] , créature chétive, anémique et, semblait-il, point très forte de la poitrine » (p. 91). « Une chose indiciblement ridicule, absurde, puérilement dégoûtante » (p. 400). Anaphore : « Je n'ignore pas qu'ici aussi, même ici, devrais-je dire : précisément ici » (p. 378).

AU LECTEUR

Reprenant les procédés du roman plaisant, le narrateur s'adresse au lecteur (« Sensible lecteur ! j'étais très heureux », p. 286) ou le fait parler : « J'entends le lecteur me crier : Exalté, badaud ! Où sont donc tes aventures ? Penses-tu m'amuser tout au long de ton livre avec de telles vétilles sentimentales,[169] les soi-disants[170] (*sic*) expériences de ta veulerie avide » (p. 99)

OXYMORE

« Une diseuse blafarde à longs gants noirs lança dans la salle, d'une voix funèbre, de sinistres grivoiseries » (p. 187), cette expression suffisant à démarquer *Les Confessions* du roman picaresque. L'oxymore (le mot retrouve sa signification première de plaisanterie appuyée) présente l'avantage d'attirer l'attention du lecteur. La substitution de Félix à Vénosta est résumée de la manière suivante : il est dit du marquis qu'il est un « voyageur sédentaire » (p. 288).

---

[169] Elle fait désordre si l'on ne retient du roman que son caractère picaresque.
[170] On attendrait : « prétendues ».

JUVÉNILITÉ

À cause de son aspect fragmentaire, « l'œuvre conservera pour la postérité la marque indélébile d'une juvénilité faite de sveltesse et d'enjouement ». Ce fragment, avec son contenu objectivement incomplet, exerce « un charme particulier irrésistible ». Cette fraction d'un tout, ce fragment est, comme silhouette, « parfaite en soi »[171].

[171] Georg Lukacs, *Thomas Mann*, Maspero, 1967, p. 143.

FÉLIX KRULL DANS LE TEMPS DE THOMAS MANN

La guerre a ouvert le labyrinthe de toutes les incertitudes plus qu'elle n'en a bouché l'accès. Elle a inauguré l'ère des soupçons sur l'Europe plus qu'elle n'a marqué la fin d'un monde révolu.

AUTO-DÉRISION

En 1944, Th. Mann écrit (30 mai) qu'il n'a rien fait d'autre, ou principalement rien fait d'autre, durant « ces onze années » qu'il qualifie de « terribles » que d' « achever une œuvre foncièrement humoristique, la série des *Joseph*, que la postérité considérera un jour avec ébahissement, car on aura peine à croire qu'une telle œuvre ait pu naître par les temps qui courent ».

Sept ans plus tard, il répute sa phrase « humoristique », phrase où s'affirme son goût pour l'autodérision, si caractéristique de son œuvre et, particulièrement, du *Chevalier d'industrie* : « On a là l'exemple d'un persiflage de soi, d'ailleurs point étranger à mes écrits, qui explique peut-être pourquoi je suis souvent lu de travers » (28 août).

L'année de la parution de ce que l'on appelle la « première » partie du *Chevalier*, il ajoute : « La situation atteint son maximum de comique, lorsque Jacob, dans sa douleur éperdue de la lacération de Joseph, reproche à Dieu d'être 'resté en retard' sur l'affinement du cœur humain » (10 janvier), « affinement » qui tient tant au cœur de Félix.

EUROPE

1954. Ce qui ne devait constituer que la première partie des *Confessions* paraît précisément, au moment où le mot Europe[172], est devenu le nom générique de toute une culture à l'agonie. Et il est significatif que le tour du monde entrepris par Krull-Venosta s'arrête à Lisbonne…

L'arrivée de l'Europe en miroir de la littérature a inauguré une nouvelle ère imaginaire, celle de l'obligation d'une écriture neuve pour un monde vieux. Th. Mann, écrivain de l'Europe. *La Montagne magique* plaçait déjà Hans Castorp, ce jeune Allemand, au milieu d'un singulier concert de voix européennes.

NÉBULEUSE

Pascal Dethurens[173] estime que l'idée et le sentiment européens sont des inventions littéraires : « En se ralliant à la république, Thomas Mann s'est rallié à l'idée d'Europe, et son roman avec lui ».

L'Europe, au moment de son invention (1914) est un concept hétérogène comparable à une nébuleuse.

L'ARTISTE

Le plan originel du *Chevalier*, pour sa part, date de l'époque où le problème de l'artiste et du bourgeois dominait la pensée de Thomas Mann, problème dépassé

---

[172] L'étymologie du mot croise des poètes sur son chemin. On a vu dans « europé » une forme issue du mot sémitique *oreb* ou *érèb* (= « couchant », « soir ») ; puis on l'a rapproché du mot *opia* (= « la terre ») ; on préfère aujourd'hui rattacher le nom d'Europe à l'épithète homérique de Zeus : *euruopé* , de *eurus* (= « ample ») et *ops* (= « œil »), « qui voit loin ».

[173] *Thomas Mann et le crépuscule du sens* (Georg Éditeur, CH-1225 Chêne-Bourg/Genève, 2003, p. 46). La note 64 (p. 491), ma modestie dût-elle en souffrir, signale que j'ai, dans *"La Montagne magique" de Thomas Mann, facettes et fissures* (Nizet, 1979), "dégagé le sens de ce double ralliement".

par *Joseph.* Selon Lukacs[174], à l'époque où il écrit, l'interruption du travail à *Krull* s'expliquerait à partir d'une situation pas encore entièrement clarifiée.

LE MÉDIATEUR

La mission médiatrice de l'artiste, son rôle magique d'Hermès, d'intermédiaire entre le monde supérieur et le monde inférieur, entre l'Idée et le phénomène apparaît dans le texte de Th. Mann sur Schopenhauer (octobre 1938) car telle est, en fait, la position pour ainsi dire cosmique de l'art. Et de revivifier une image partout présente dans *Joseph et ses frères*, celle de la lune qui, comme la philosophie « médiatrice » (ou ironique) entre le monde et l'au-delà, occupe la même situation médiane que l'art.

FRAGMENT

La représentation extensivement humoristique d'un type de destin à la Krull ne pouvait pas encore être menée à bien — au temps où *Le Chevalier* était encore à l'état de fragment — avec les moyens d'alors et resta ainsi un fragment qui ne s'interrompait pas par hasard juste avant l'entrée de Krull dans la vie réelle.

KRULL & JOSEPH

Lukacs est tout de même frappé en constatant combien de traits, petits ou grands, accessoires et importants, sont, déjà, dans le *Krull* originel, ironiquement parallèles au personnage de Joseph.

---

[174] *Thomas Mann*, Maspero, 1967, p. 128.

VARIATIONS

En 1942 (27 juin), Th. Mann indique clairement[175] qu'il n'est pas « misanthrope » : « Je peux dire avec Joseph que les humains et moi nous nous sourions le plus souvent ». Faut-il parler d'une « religiosité », exceptionnelle dans l'œuvre mannienne ? Certes, l'auteur espère que sa tentative pourra exercer « un charme de nouveauté » (13 juillet 1933).

Mais il précise que « la religiosité consiste essentiellement à des modifications que subit l'image de la vérité et du droit » (27 octobre 1945), à une perpétuelle attention aux changements de l'image du Vrai ; dans les romans de *Joseph*, cela s'appelle « l'intelligence de Dieu », c'est-à-dire « l'intelligente aptitude de l'homme à unir sa volonté à celle de Dieu et à ne point vouloir croupir dans des états 'qu'il veut dépasser avec nous' » ; « [l]a démocratie se jette dans les bras du fascisme, ce qui est à tout prendre une façon de faire l'école buissonnière, de se *doper* pour oublier ses devoirs, et d'incendier le monde » (31 janvier 1948).

CHANT DU CYGNE ?

Jouaient déjà, dans la *La Montagne magique*, « les intérêts et les motifs qui font l'objet même de [ce] récit [*Joseph*] […] manifestement mythologique » (20 février 1934). Et la cérémonie mythique de la Fête[176], « répétition grave et enjouée d'un événement primordial » constitue

---

[175] Th. Mann commente son œuvre comme il l'a fait pour *Le Docteur Faustus* avec *Le Journal. Cf.* "Seize ans", essai sur la tétralogie de *Joseph* (*Altes und neues*, 1953) — Louis Leibrich a établi la liste des commentaires de Th. Mann sur *Joseph* (*Thomas Mann, Une recherche spirituelle*, Aubier, 1974, p. 187).

[176] Si présente dans *Le Chevalier*.

« le motif fondamental de [son] roman » dont le héros de la deuxième partie du cycle, Joseph, s'intitule une fois « Joseph em Heb », « Joseph dans la Fête » (16 février 1939). Cependant, dès le 1er janvier 1934, le futur auteur du *Docteur Faustus* a le sentiment que *Joseph* (1934), qui suit Jacob, a été son « chant du cygne pour l'Allemagne » et note que son roman comme « tout ce que nous faisons aujourd'hui mérite [le] nom de : *Les Adieux à l'Europe* (F. Lion) » (2 avril 1934).

MAÎTRISE

L'écrivain estime avoir acquis la pratique de « la réalisation du mythe » avec *Joseph* , roman où entre « un élément émouvant qui fait partie de sa genèse et semble s'être conservé lors de l'exécution » (3 mars 1940).

DOUBLE VISAGE

Il est de fait que l'ensemble qui constitue *Joseph* suffirait à assurer à son auteur sa réputation de « remythologisateur » que lui fait Gilbert Durand. « Identification » — d'où provient l'élément « émouvant » — que Th. Mann reconnaît volontiers, inséparable de l'humour, même si la mélancolie est à la base de la vie du fils de Rachel (9 août 1953).

« Cet élément du jeu-de-Joseph est très sensible dans le roman », mais cela « n'exclut pas maintes critiques sceptiques à l'égard du 'grand homme' », qui apparaît tout à la fois, comme toute bonne figure mythique, un prodige et un « malheur public » (6 septembre 1940).

TENSIONS

Thomas Mann abandonne, en effet, cela qui soustrait la littérature aux tensions et aux dissensions du temps.

LA REVANCHE DE « LA FOLLE DU LOGIS »

Joseph et ses frères est, du milieu des années 20 au milieu des années 40, le plus grand roman du péril totalitaire en Europe, le plus formidable dédommagement de l'imaginaire du roman, chez Thomas Mann, contre l'abjection du monde et l'interdit que s'est imposé l'écrivain de contracter toute alliance avec elle.

HISTOIRES DE JACOB

Isaac et Rébecca eurent deux fils Esaü et Jacob. Le premier volet de la tétralogie, *Les histoires de Jacob*, s'ouvre sur la rencontre, près d'un puits (« Au Puits », p. 45) symbolique (« Profond est le puits du passé. Ne devrait-on pas dire qu'il est insondable ? » c'est un « gouffre sans fond », p. 7, abyssal, p. 15), de Jacob et de son fils préféré[177], mélancolique bien que « né coiffé » (29 mai 1954) — comme Krull —, charmeur arrogant, Joseph, héros d'un prologue est destiné à souligner les influences de systèmes de pensée mythiques — assyrienne, babylonienne et assyrienne — auxquelles a été soumis le peuple hébreu, bref, la rencontre des cultures, bénéfique, aux yeux de Thomas Mann, puisqu'elle évite le repliement sur soi.

---

[177] « Mes fistons ont forcément un certain air de famille, entre eux, mais vous avez sans doute raison de donner le pas à Joseph » (lettre de Thomas Mann, 29 mai 1954).

Selon Th. Mann, « le prélude redouté, 'genre essai', n'est pas si mal dans son genre » (19 août 1933). L'auteur précise « le sens du prélude » : « [C]et essai fantastique n'est qu'une introduction au roman en forme d''ouverture', une sorte de préparation circonstanciée, avant la plongée dans le puits du passé ». Une subdivision du premier chapitre « Thot »[178], du *Jeune Joseph*, s'intitule « Du Corps et de l'Esprit » (p. 23).

L'expression d'une conception du monde définie n'apparaît qu'en un seul endroit où il est question de « l'âme enchevêtrée avec la nature, et de l'esprit qui n'est pas de ce monde, du principe du passé et de celui de l'avenir », le grand espoir résidant dans leur union pour réaliser une humanité qui, comme Joseph, serait bénie « de la bénédiction qui descend du ciel et de celle qui monte des profondeurs souterraines » (25 juin 1951).

Le roman de *Jacob* reprend les événements connus : colère d'Ésaü qui vend son droit d'aînesse, fuite de Jacob pour échapper à sa vengeance, songe prémonitoire au cours duquel Dieu lui promet de le protéger toujours, séjour chez son oncle Laban et servitude (« La longue attente », p. 234) à laquelle il se soumet pour épouser Rachel, fuite secrète — avec sa nombreuse famille, ses fils, Ruben, Siméon, Lévi, Juda, Issachar, Zabulon, Dan, Nephtali, Asher, Joseph, et une fille, Dina, et ses troupeaux — pour se libérer de l'autoritarisme de Laban, mort de Rachel, mère de Joseph, à la naissance du douzième fils, Benjamin, épisode qui émeut, de nouveau, Thomas Mann, quand il corrige les épreuves, comme au moment où il écrivait. Le fils du roi de Sichem ayant

---

[178] Dieu égyptien du Savoir. Il jugeait les âmes des morts (*cf.* Hermès psychagogue). À l'époque gréco-romaine, il fut assimilé à Hermès Trismégiste. Voir l'illustration à la page 155 de *L'Homme et ses symboles*, *op. cit.*

enlevé Dina (« Le rapt », p. 151), en représailles, les fils de Jacob massacrent (« Le carnage », p. 157) les habitants de Sichem.

LE JEUNE JOSEPH

Comme *Krull*, c'est un roman de formation. Joseph, à la robe bigarrée (« multicolore », p. 80), l'enfant gâté de Jacob, exaspère ses frères qui le jettent dans une « fosse » (« Joseph est jeté au fond du puits », p. 159) et font croire à leur père que Joseph est mort (« Jacob prend le deuil de Joseph », p. 232). Il est vendu aux Ismaëlites ("La vente", p. 202). L'initiation de Joseph n'est pas un long fleuve tranquille.

Ferdinand Lion (1883-1965), qui fut rédacteur de la revue *Mass und Wert*, éditée par Th. Mann, parle « avec ravissement » du chapitre « L'homme aux champs » (traduction de Robert Simon ; titre traduit par « L'Homme dans le champ », par Louise Servicen, *Le jeune Joseph*, p. 142) et de « l'individualisation des frères, surtout de Ruben et de Juda. Remarques intelligentes sur le changement de style par rapport au ton épique du premier volume : le caractère de nouvelle s'émancipe » (Thomas Mann, *Journal*, 15 mars 1934).

JOSEPH EN ÉGYPTE

Conduit en Égypte, Joseph est acheté (« Joseph est vendu une seconde fois », p. 130) par Putiphar (p. 137), l'un des principaux officiers du pharaon. Sous le nom d'Osarsif, Joseph devient Égyptien (« à vue d'œil », p. 248 ; il épousera la fille du prêtre d'Amon). Bénéficiant de la protection divine, Joseph (qui « croît comme au bord d'une source », p. 221) ne brille pas par la modestie. On comprend que la faveur divine le dispute à la punition des fautes.

La passion mortelle conçue par la femme de Putiphar Mut-en-emet a pour conséquence que Joseph est jeté en prison.

Putiphar se serait-il fait l'instrument de Dieu ?

JOSEPH LE NOURRICIER

Joseph se rend célèbre par son art d'interpréter les songes (« Joseph, devin », p. 71), comme celui des vaches grasses et des vaches maigres qui prédit la disette. L'industrie du « nourricier » permet à l'Égypte d'échapper à la famine.

Vient alors le temps de la réconciliation et des retrouvailles de Joseph avec son père et ses frères.

Réconciliation, conciliation des opposés. Présence de la figure mythique d'Hermès Trismégiste.

L'histoire rejoint le mythe.

CONCLUSION

Face au terrifiant *Mythe du XXe siècle* du nazi Alfred Rosenberg, seul pouvait faire pièce le mythe, « fraternellement 'ouvert' »[179], de *Joseph et ses frères,* de Thomas Mann, mythe bénéfique[180] de Thomas Mann. Grand remythologisateur devant l'Éternel, avec Wagner et Nietzsche, l'auteur de *Krull*, comme son ami Hermann Hesse, consciemment ou inconsciemment, imite de grandes Images mythiques, qu'il s'agisse d'Écho dans *Le Docteur Faustus* ou d'Hermès dans *La Mort à Venise* et *Les Confessions du chevalier d'industrie Félix Krull* et de Perceval dans *La Montagne magique.*

NEIGE

Pascal Dethurens estime que, dans ce dernier roman, la septième séquence du chapitre VI (*Schnee* = « Neige ») est la véritable scène symbolique et l'unique image onirique de l'Europe dans la fable mannienne et que le romancier n'a fait que mettre le lecteur à la frange d'une pareille lecture. Quoi qu'il en soit, Th. Mann a rendu grâces (certains ont cru qu'il plaisantait) à un érudit de Harvard qui lui a ouvert les yeux : consciemment ou inconsciemment, c'est la tradition du quêteur de Graal que suit le héros, Hans Castorp, et l'auteur avec lui : « Ce qu'est le Graal, le savoir, l'initiation, ce bien suprême, dont est en quête non seulement le héros mais le livre lui-même [...] vous le trouverez notamment dans le chapitre intitulé 'Neige' où Hans Castorp égaré dans les hauteurs mortelles, rêve son poème de l'homme. Le Graal, qu'il ne trouve pas, mais qu'il pressent pourtant dans son rêve tout

---

179 Gilbert Durand, *Introduction à la mythodologie*, Albin Michel, 1996, p. 40.
180 Tel celui de la Nature, chez Mirbeau (*cf.* Samuel Lair, *Mirbeau et le mythe de la nature*, P.U. de Rennes, 2003).

proche de la mort, avant d'être arraché à ses hauteurs et entraîné dans la catastrophe européenne, c'est l'idée de l'homme, la conception d'une humanité future »[181]. Le Graal du roman, manqué, mais aperçu, c'est l'Europe.

ENFIN !

Des millions de lecteurs se réjouirent lors de la parution de la partie complétée de l'œuvre de jeunesse fragmentaire : un grand roman humoristique, produit d'un réinvestissement mythique, mais puisant son thème dans la vie de notre temps, soit encore possible.

L'ÉLU

Avec *L'Élu*[182], Thomas Mann fait de Grégoire le Grand — celui que « la nouvelle Jérusalem » a envoyé quérir sur « ordre d'En Haut » (p. 280) — la figure mythique[183] de l'Europe. Ce n'est pas un médiéviste comme Jacques Le Goff[184] qui le contredirait ! Au temps où, en France, se poursuit la lutte entre Brunehaud et Clotaire II, à Rome, le pape Grégoire le Grand prend en mains la défense de Rome. Lors de son « couronnement », Grégoire est porté sous les arcs de triomphe des empereurs Théodose, Valentinien, Gratien, Titus et Vespasien[185].

---

181 Thomas Mann, *Les Maîtres*, Grasset, 1979, p. 332.

182 1950-1951. Traduit de l'allemand par Louise Servicen, Albin Michel, 1952.

183 Apparaissent, dans le roman, d'autres figures mythiques : la fée Morgane, Tristan, les Cimmériens, Hercule…

184 *L'Europe est-elle née au moyen âge ?* Seuil, 2003.

185 « Les Juifs, massés aux abords du palais du préfet Chromatius, glorifient Grégoire » (*L'Élu*, p. 306).

NICOLAS

Reposant sur les fondements de notre imaginaire, *L'Élu*[186] nous parle de l'inceste[187], mais, bien plus, de l'Europe et de celui qui l'incarne, aux yeux de Thomas Mann, Grégoire le Grand, qui annonce Nicolaus Cusanus, Nicolas de Cuse ou de Kues (1401-1464), « proche de notre époque »[188], et sa *coincidentia oppositorum*[189].

L'ARCHAÏQUE

Rôle mobilisateur des énergies que le mythe positif : « Ce qui est, est à jamais, même si la tournure courante consiste à dire 'Ce fut'. Ainsi s'exprime le mythe, qui n'est que le vêtement du mystère. [...] Fête dc la narration, tu es l'habit de parade du mystère vital »[190]. Dernier refuge du mythe en tant que récit, la littérature rivalise avec la musique grâce aux leitmotive. Ces derniers permettent de lire l'histoire non pas selon la ligne des faits, linéaire, mais d'après la ligne des faîtes. À condition de considérer la longue durée — qui nous affranchit de l'état de dépendance à l'égard de notre époque — , aucune réalité, plus que l'histoire, n'est essentielle pour la conscience qu'un peuple prend de lui-même. Au-delà des rapports de causalité (effets des inventions techniques sur les méthodes de travail, des

---

186 Voir notre *Thomas Mann et le mythe de Faust*, L'Harmattan, 2010.

187 La légende de Siegfried et, de Thomas Mann, *Sang réservé* (1905).

188 Hermann Hesse, « La docte ignorance », *La Bibliothèque universelle* Corti, 1995, p. 79.

189 « Notre amitié et notre profonde parenté demeureront toujours incompréhensibles, tout comme la *coincidentia oppositorum* de Nicolas de Cuse » (Lettre de Hermann Hesse à Thomas Mann, mai 1955).

190 *Les Histoires de Jacob*, Gallimard, 1935, p. 47.

méthodes de travail sur les structures de la société, des conquêtes sur les couches ethniques...), se manifestent certains aspects d'ensemble, dans la continuité d'un style spirituel, par exemple, à travers une série de générations. « Prendre en compte », comme l'écrit Karl Jaspers[191], « les créations inoubliables de l'homme », c'est apprendre à voir « les plus hautes possibilités » de l'humanité. La continuité culturelle qui permet la transmission de valeurs capables de fonder une vie, nous livre l'horizon humain de l'Europe. Mais à quoi se réduirait le continent, si ne venait s'ajouter à l'horizontalité spatiale la profondeur historique et culturelle et, dans le cas de Grégoire (540-604), le pape tolérant, — incarnant l'Europe, dans la pensée de l'écrivain —, ce qui et ceux qui ont préparé son *règne* Augustin (354-430), Jérôme (347-420), traducteur des Écritures en latin, Boèce (480-524), Cassiodore (480-574) ?

« LE GÉNIE DE LA NARRATION »

Écritures. Écrit au lendemain de la guerre, *L'Élu* nous fait entrer dans le temps de l'espérance. L'auteur de *L'Élu*, lui-même « Génie de la Narration », « donne de la durée à son savoir », tel Hermès le Sage, « animateur de tous les efforts de l'esprit », à qui l'humanité doit « le don précieux du verbe »[192].

THOT

Le « génie de la narration », « littéraire », hérite, lui aussi, du dieu égyptien Thot ou d'Hermès, l'inventeur de l'écriture, à qui l'humanité doit le don précieux du

---

[191] *Introduction à la philosophie*, Plon, 1951, p. 131.
[192] Thomas Mann, *La Montagne magique*, Fayard, 1961, pp. 565-566.

verbe, soulève, dans *La Montagne magique*, l'enthousiasme de Settenbrini.

SYSTÈME

En pleine période d'hitlérisme et de stalinisme, *Joseph*, œuvre « ouverte », ne pouvait susciter l'enthousiasme du Système (c'est un euphémisme !). La victoire des Alliés ne mit pas fin au totalitarisme. Conformément à la ligne du Parti, fluctuante et, partant, inflexible ! les compagnons (ou complices de route) passèrent l'œuvre sous silence. En revanche, aux yeux de Thomas Mann, Bloch a apporté de très bonnes choses en relevant que, avec *Joseph*, on assistait au « renversement de fonction du mythe » (24 décembre 1947). Thomas Mann, s'il refuse de s'associer à « la persécution obtuse, *à l'américaine*, du communisme », ne se fait guère d'illusions sur « la vocation culturelle pédagogique d'une bureaucratie communiste » ou sur « la fécondité de l'art et de la science réglementés par l'État-Parti ». Et de se demander comment Pavese (mort en 1950), étant donné « l'intérêt qu'il port[ait] 'aux thèmes les plus épineux et les plus enchevêtrés de la philosophie contemporaine' et son penchant pour le mythe », se représentait sa vie dans une Italie « sous la discipline communiste, dans la camisole de force de la dogmatique communiste ». Il eût été naïf de croire que « son faible pour mes histoires de Joseph » lui eût été permis sous « la férule communiste » (28 juin 1953).

LE SUBLIME

Le chant de Sarah, la petite-fille de Jacob, a pour sujet les retrouvailles de Joseph et ses frères. S'il est le plus vieux sujet du monde parce que fondateur de l'union du monde, doit en être le dernier, et le dernier mot de la littérature européenne : l'ultime n'est pas la fin, chez Thomas Mann, c'est le sublime.

HUMANISME

Un récit total est, forcément, par la minutie scrupuleuse et le génie fabuleux qu'il met en œuvre, un récit parabolique. Et l'épopée de *Joseph* est celle de l'homme occidental. Tout prend valeur chez Thomas Mann au miroir d'un récit, la culture européenne elle-même en tant que récit et, par elle, l'humanité — la littérature est le dernier refuge du mythe et l'ultime lieu d'exercice de l'humanisme.

Bibliographie

Nous n'avons pas repris les éléments bibliographiques, les références étant déjà données en note.

Nos ouvrages et articles concernant la littérature allemande sont les suivants :

« La Montagne magique ». Facettes et fissures. Les Grands Événements littéraires, Nizet, 1979.

« *La Légende des Nibelungen*, guide de lecture », in *La Boîte aux Lettres*, Centre Régional de Documentation Pédagogique de Paris, n° 7, 1985-1986.

« Hermann Hesse et le jardin nocturne », in *Iris*, Revue du Centre de Recherche sur l'Imaginaire, Université Stendhal, Grenoble III, n° 8-9, 1989-1990.

« Le mythe du Juif errant : Herder, Quinet et Fromentin », in les *Cahiers du C.E.R.M.E.I.L.*, Centre d'Études et de Recherches sur le Merveilleux, l'Étrange et l'Insolite en Littérature, n° 12, 1997.

« *Souvenirs d'un Européen*, de Hermann Hesse », in *op. cit.*, n° 17, 2000.

« Alain-Fournier et le romantisme allemand », *ibid.*

« Figure d'Hermès et visages de *La Mort à Venise* », in *Les Représentations de la mort*, Actes du colloque organisé par le C.R.E.L.L.I.C., Sous la direction de Bernard-Marie Garreau, P.U. de Rennes, 2002.

« Graal et phtisie dans *La Montagne magique* », in *Écritures et maladie,* Sous la direction d'Arlette Bouloumié, Éd. Imago, 2002.

« Thomas Mann, *Joseph et ses frères* : un mythe 'ouvert' » , in *Aden Nizan et les années trente*, Groupe interdisciplinaire d'études nizaniennes, n° 2, 2003.

« La Chantal de Mirbeau et l'Else de Schnitzler promises au sacrifice », in *Cahiers Octave Mirbeau*, n° 11, 2004.

« Kafka, Mirbeau et la soumission », *ibid.*, n° 12, 2005.

« Dingo et Bauschan (*Maître et chien*) », *ibid.*, n° 13, 2006.

« Hermann Hesse & Octave Mirbeau : cure et neurasthénie », *ibid.*, n° 14, 2007.

« Félix Krull, le picaro embauché », in *Recherches sur l'imaginaire*, n° XXX, P.U. d'Angers, 2004.

Thomas Mann et le mythe de Faust, L'Harmattan 2010.

Table des matières

L'HARMATTAN, ITALIA
Via Degli Artisti 15 ; 10124 Torino

L'HARMATTAN HONGRIE
Könyvesbolt ; Kossuth L. u. 14-16
1053 Budapest

L'HARMATTAN BURKINA FASO
Rue 15.167 Route du Pô Patte d'oie
12 BP 226 Ouagadougou 12
(00226) 76 59 79 86

ESPACE L'HARMATTAN KINSHASA
Faculté des Sciences Sociales,
Politiques et Administratives
BP243, KIN XI ; Université de Kinshasa

L'HARMATTAN GUINEE
Almamya Rue KA 028 en face du restaurant le cèdre
OKB agency BP 3470 Conakry
(00224) 60 20 85 08
harmattanguinee@yahoo.fr

L'HARMATTAN COTE D'IVOIRE
M. Etien N'dah Ahmon
Résidence Karl / cité des arts
Abidjan-Cocody 03 BP 1588 Abidjan 03
(00225) 05 77 87 31

L'HARMATTAN MAURITANIE
Espace El Kettab du livre francophone
N° 472 avenue Palais des Congrès
BP 316 Nouakchott
(00222) 63 25 980

L'HARMATTAN CAMEROUN
Immeuble Olympia face à la Camair
BP 11486 Yaoundé
(00237) 99 76 61 66
harmattancam@yahoo.fr

L'HARMATTAN SENEGAL
« Villa Rose », rue de Diourbel X G, Point E
BP 45034 Dakar FANN
(00221) 33 825 98 58 / 77 242 25 08
senharmattan@gmail.com